中国出版"走出去"重点图书出版计划立项
北大主干基础课教材立项
北大版商务汉语教材·新丝路商务汉语系列

新丝路
New Silk Road Business Chinese

中级商务汉语综合教程（生活篇）II

李晓琪　主编
刘德联　编著

图书在版编目（CIP）数据

新丝路：中级商务汉语综合教程．生活篇．2/李晓琪主编，刘德联编著．—北京：北京大学出版社，2012.8
（北大版商务汉语教材·新丝路商务汉语系列）
ISBN 978-7-301-20343-9

Ⅰ．新… Ⅱ．①李…②刘… Ⅲ．商务—汉语—对外汉语教学—教材 Ⅳ．H195.4

中国版本图书馆 CIP 数据核字（2012）第 032242 号

书　　　名：新丝路——中级商务汉语综合教程（生活篇）Ⅱ
著作责任者：李晓琪　主编　刘德联　编著
责任编辑：孙　娴
标准书号：ISBN 978-7-301-20343-9/H·3016
出版发行：北京大学出版社
地　　　址：北京市海淀区成府路 205 号　100871
网　　　址：http://www.pup.cn　电子信箱：zpup@pup.pku.edu.cn
电　　　话：邮购部 62752015　发行部 62750672　出版部 62754962　编辑部 62753374
印　刷　者：北京大学印刷厂
经　销　者：新华书店
　　　　　　889 毫米×1194 毫米　16 开本　12.5 印张　219 千字
　　　　　　2012 年 8 月第 1 版　2012 年 8 月第 1 次印刷
定　　　价：45.00 元（附 MP3 盘 1 张）

未经许可，不得以任何方式复制或抄袭本书之部分或全部内容。
版权所有，侵权必究
举报电话：010-62752024　电子信箱：fd@pup.pku.edu.cn

新丝路商务汉语系列教材总序

近年来，随着中国经济的持续快速发展，中国与其他国家贸易交流往来日益密切频繁，中国在国际社会的政治经济和文化影响力日益显著，与此同时，汉语正逐步成为一个重要的世界性语言。

与此相应，来华学习汉语和从事商贸工作的外国人成倍增加，他们对商务汉语的学习需求非常迫切。近年来，国内已经出版了一批有关商务汉语的各类教材，为缓解这种需求起到了很好的作用。但是由于商务汉语教学在教学理念及教学方法上都还处于起步、探索阶段，与之相应的商务汉语教材也在许多方面都存在着进一步探索和提高的空间。北京大学对外汉语教育学院自 2002 年起受中国国家汉语国际推广领导小组办公室的委托，承担中国商务汉语考试（BCT）的研发，对商务汉语的特点及教学从多方面进行了系统研究，包括商务汉语交际功能、商务汉语交际任务、商务汉语语言知识以及商务汉语词汇等，对商务汉语既有宏观理论上的认识，也有微观细致的研究；同时学院拥有一批多年担任商务汉语课程和编写对外汉语教材的优秀教师。为满足社会商务汉语学习需求，在认真研讨和充分准备之后，编写组经过 3 年的努力，编写了一套系列商务汉语教材，定名为——新丝路商务汉语教程。

本套教程共 22 册，分三个系列。

系列一，综合系列商务汉语教程，8 册。本系列根据任务型教学理论进行设计，按照商务汉语功能项目编排，循序渐进，以满足不同汉语水平的人商务汉语学习的需求。其中包括：

初级 2 册，以商务活动中简单的生活类任务为主要内容，重在提高学习者从事与商务有关的社会活动的能力；

中级 4 册，包括生活类和商务类两方面的任务，各两册。教材内容基本覆盖与商务汉语活动有关的生活、社交类任务和商务活动中的常用业务类任务；

高级 2 册，选取真实的商务语料进行编写，着意进行听说读写的集中教学，使学习者通过学习可以比较自由、从容地从事商务工作。

系列二，技能系列商务汉语教程，8册，分2组。其中包括：

第1组：4册，按照不同技能编写为听力、口语、阅读、写作4册教材。各册注意突出不同技能的特殊要求，侧重培养学习者某一方面的技能，同时也注意不同技能相互间的配合。为达此目的，技能系列商务汉语教材既有分技能的细致讲解，又按照商务汉语需求提供大量有针对性的实用性练习，同时也为准备参加商务汉语考试（BCT）的人提供高质量的应试培训材料。

第2组：4册，商务汉语技能练习册。其中综合练习册（BCT模拟试题集）2册，专项练习册2册（一本听力技能训练册、一本阅读技能训练册）。

系列三，速成系列商务汉语教程，6册。其中包括：

初级2册，以商务活动中简单的生活类任务为主要内容，重在提高学习者从事与商务有关的社会活动的能力；

中级2册，包括生活类和商务类两方面的任务。教材内容基本覆盖与商务汉语活动有关的生活、社交类任务和商务活动中的常用业务类任务；

高级2册，选取真实的商务语料进行编写，着意进行听说读写的集中教学，使学习者通过学习可以比较自由、从容地从事商务工作。

本套商务汉语系列教材具有如下特点：

1. 设计理念新。各系列分别按照任务型和技能型设计，为不同需求的学习者提供了广泛的选择空间。

2. 实用性强。既能满足商务工作的实际需要，同时也是BCT的辅导用书。

3. 覆盖面广。内容以商务活动为主，同时涉及与商务活动有关的生活类功能。

4. 科学性强。教材立足于商务汉语研究基础之上，吸取现有商务汉语教材成败的经验教训，具有起点高、布局合理、结构明确、科学性强的特点，是学习商务汉语的有力助手。

总之，本套商务汉语系列教材是在第二语言教材编写理论指导下完成的一套特点鲜明的全新商务汉语系列教材。我们期望通过本套教材，帮助外国朋友快速提高商务汉语水平，快速走进商务汉语世界。

新丝路商务汉语系列教材编写组

于北京大学勺园

新丝路商务汉语系列教材总目

新丝路商务汉语综合系列	李晓琪　主编
新丝路初级商务汉语综合教程Ⅰ	章　欣　编著
新丝路初级商务汉语综合教程Ⅱ	章　欣　编著
新丝路中级商务汉语综合教程（生活篇）Ⅰ	刘德联　编著
新丝路中级商务汉语综合教程（生活篇）Ⅱ	刘德联　编著
新丝路中级商务汉语综合教程（商务篇）Ⅰ	蔡云凌　编著
新丝路中级商务汉语综合教程（商务篇）Ⅱ	蔡云凌　编著
新丝路高级商务汉语综合教程Ⅰ	韩　熙　编著
新丝路高级商务汉语综合教程Ⅱ	韩　熙　编著

新丝路商务汉语技能系列	李晓琪　主编
新丝路商务汉语听力教程	崔华山　编著
新丝路商务汉语口语教程	李海燕　编著
新丝路商务汉语阅读教程	林　欢　编著
新丝路商务汉语写作教程	林　欢　编著
新丝路商务汉语考试阅读习题集	李海燕　编著
新丝路商务汉语考试听力习题集	崔华山　编著
新丝路商务汉语考试仿真模拟试题集Ⅰ	李海燕　林　欢　崔华山　编著
新丝路商务汉语考试仿真模拟试题集Ⅱ	李海燕　崔华山　林　欢　编著

新丝路商务汉语速成系列	李晓琪　主编
新丝路初级速成商务汉语Ⅰ	蔡云凌　编著
新丝路初级速成商务汉语Ⅱ	蔡云凌　编著
新丝路中级速成商务汉语Ⅰ	崔华山　编著
新丝路中级速成商务汉语Ⅱ	崔华山　编著
新丝路高级速成商务汉语Ⅰ	李海燕　编著
新丝路高级速成商务汉语Ⅱ	李海燕　编著

编写说明

本书是北京大学新丝路商务汉语系列教材综合部分的中级生活篇，分Ⅰ、Ⅱ两册，每册10课，是为具有一定汉语基础，并希望在中国从事商务活动的学习者准备的。学习者通过对本书的学习，可以对商务活动者在中国日常生活的交际语言有一个基本的了解，为以后在中国从事日常商务工作打下基础。

本书是以外国公司派往中国从事商务活动职员的日常生活为主线编写的，模拟外方职员在中国工作时可能会出现的社会交往的体验，提高学习者在中国与商界人士交往的能力。

本书不同于体现外国人在中国生活的一般汉语教材，主要表现为以下几点：

1. Ⅰ、Ⅱ两册共20课，安排了40段情景会话，均是围绕外方职员在中国可能会遇到的生活情景设计的，基本上是外方职员必须要解决的问题。通过对这些情景会话的学习，学习者能够增长在中国生活的日常交往知识，提高口头表达的能力。

2. 每课安排了与该课主题有关的阅读篇，对中国的日常生活知识、文化特点以及社会交往中应该注意的问题等，做了必要的介绍。学习者在学习这些相关知识以后，会对中国有更深入的了解，提高与中国人交往的能力。

3. 在注重情景会话的同时，每课都安排了交际功能的内容，包括日常寒暄、介绍与自我介绍、询问、欢迎、求助、邀请、建议、祝贺、解释、警告、呼救、称赞、嘱咐、争辩等等，以及与业务往来有关的产品介绍、推销广告等等。学习者可以通过对功能项目的学习，掌握更多的交际语言。

4. 练习形式丰富多样，涵盖听说读写四项技能的各种训练，在理解性练习的基础上，安排了大量任务型练习。任务型练习大都以商务活动为背景，体现出很强的实用性，能够满足学习者在未来的商务活动中的实际需要。

在本教材的编写过程中，北京大学新丝路商务汉语系列教材主编李晓琪教授就编写原则、大纲设计、练习形式以及许多细节问题都给予了悉心指导，杜坤、陈晨为本书做了英文翻译，北京大学出版社的孙娴编辑做了大量认真细致的工作，提出了很好的修改意见，在此一并致以衷心的感谢！

编　者

目 录

第一课　网络时代 ... 1
- 课前热身 ... 1
- 课文 ... 1
  - 会话篇（一）　宽带的选择 ... 1
  - 会话篇（二）　网上购物 ... 6
  - 阅读篇　建立自己的博客 ... 10
- 综合练习 ... 13
- 附录 ... 16

第二课　交际礼仪 ... 17
- 课前热身 ... 17
- 课文 ... 17
  - 会话篇（一）　只要心意到了就行了 ... 17
  - 会话篇（二）　客气话与实事求是 ... 21
  - 阅读篇　人际交往中的敬辞与谦辞 ... 25
- 综合练习 ... 29
- 附录 ... 32

第三课　邮寄业务 ... 34
- 课前热身 ... 34
- 课文 ... 34
  - 会话篇（一）　平邮还是快递？ ... 34
  - 会话篇（二）　中国的贺年片很漂亮 ... 39
  - 阅读篇　宅急送 ... 43

| 综合练习 | 46 |
| 附录 | 49 |

第四课　健身运动

- 课前热身 … 50
- 课文 … 50
  - 会话篇（一）　你经常去打保龄球吗? … 50
  - 会话篇（二）　我想买一个家用跑步机 … 54
  - 阅读篇　健身是一种文化 … 58
- 综合练习 … 62
- 附录 … 64

第五课　家居生活

- 课前热身 … 65
- 课文 … 65
  - 会话篇（一）　您该买电了 … 65
  - 会话篇（二）　我马上找人来修 … 68
  - 阅读篇　安全须知 … 72
- 综合练习 … 76
- 附录 … 78

第六课　酒与文化

- 课前热身 … 80
- 课文 … 80
  - 会话篇（一）　啤酒节 … 80
  - 会话篇（二）　跟我们去"海上酒吧"吧 … 83
  - 阅读篇　中国的酒文化 … 87
- 综合练习 … 90
- 附录 … 93

第七课　医疗保健 ·· 94
课前热身 ·· 94
课文 ··· 94
会话篇（一）　要不要给您叫一辆救护车？ ·································· 94
会话篇（二）　健康体检 ·· 98
阅读篇　中国看病流程 ·· 102
综合练习 ·· 105
附录 ·· 108

第八课　生活保险 ·· 109
课前热身 ·· 109
课文 ·· 109
会话篇（一）　是我们的错儿 ·· 109
会话篇（二）　最关心的还应该说是社会保险 ································· 113
阅读篇　外籍员工的医疗保险 ·· 116
综合练习 ·· 120
附录 ·· 122

第九课　假日旅行 ·· 124
课前热身 ·· 124
课文 ·· 124
会话篇（一）　不去看看会终身遗憾 ·· 124
会话篇（二）　我建议您坐火车去 ··· 128
阅读篇　旅游必备 ·· 131
综合练习 ·· 135
附录 ·· 137

第十课　离别时刻 ·· 139
课前热身 ·· 139

课文 ·· 139
    会话篇（一）　祝您一路平安 ·· 139
    会话篇（二）　您的行李超重了 ·· 143
    阅读篇　买些什么样的礼品好呢？ ··· 146
综合练习 ·· 151
附录 ·· 153

综合练习录音文本 ··· 154
语言点总表 ··· 163
词语总表 ·· 168

第一课 网络时代

课前热身

1. 你每天都上网吗？一般上网几个小时？最长的一次是多长时间？
2. 你在网上最喜欢做的事情是什么？

课文

会话篇（一）

宽带的选择

词语准备（1-1）

1	充值		chōng zhí	to recharge
2	上市		shàng shì	to appear on the market
3	功能	名	gōngnéng	function
4	上网		shàng wǎng	to surf on the internet
5	通话		tōnghuà	to communicate
6	配	动	pèi	to equip；to set up
7	流量	名	liúliàng	traffic

8	接通	动	jiētōng	to put through；to connect
9	用户	名	yònghù	user；consumer
10	开通	动	kāitōng	to be open to
11	下载	动	xiàzài	to download
12	速度	名	sùdù	speed
13	高峰	名	gāofēng	peak；summit
14	安装	动	ānzhuāng	to install；to fix
15	稳定	形	wěndìng	stable
16	限制	动	xiànzhì	to limit
17	足够	形	zúgòu	enough

会话课文

马　丁：王丽，我最近打电话不太多，可是刚刚充值的电话费很快就没了，是我的手机出了问题，还是别的什么原因？

王　丽：您的手机不是上个月才买的吗？是最近刚刚上市的一种智能手机。

马　丁：是啊！这种智能手机的功能很多，使用起来也很方便。

王　丽：那您一定是用手机上网了？

马　丁：你说对了，买了新手机以后，我一直用它上网，不管走到哪里，都随时看看新闻，收发邮件。

王　丽：但是用手机上网产生的信息费比基本的通话费要高得多。您在家的时间比较长，我建议您在家里装个宽带吧，再配上无线路由器，那样您在家的时候，不仅可以用电脑上网，手机上网也不会占用流量。

马　丁：你的主意听起来真不错。不过我听说装宽带有几种，像小区宽带、ADSL什么的。装哪一种好呢？

王　丽：我觉得各有利弊。小区宽带的接通需要有一定数量的用户，否则无法开通。另外，小区宽带的下载速度虽然比较快，但如果同时上网的人数比较多，在上网高峰时速度会变得很慢。

马　丁：那 ADSL 呢？

王　丽：ADSL 的安装比较方便，只要用户家中有固定电话，都可以开通 ADSL。ADSL 的稳定性比较好。所以现在选择安装 ADSL 的用户很多。不过，ADSL 的下载速度受到带宽的限制，如果您选择的带宽不够，下载速度有时比小区宽带还慢。您想装哪一种，可以考虑一下。

马　丁：还有什么可考虑的！当然是选择有足够带宽的 ADSL 了。谢谢你的说明和建议。你总是在我需要的时候给我出个好主意。

注释

1. **智能手机（smartphone）**　是指像个人电脑一样，具有独立的操作系统，可以由用户自行安装软件、游戏等第三方服务商提供的程序，通过此类程序来不断对手机的功能进行扩充，并可以通过移动通讯网络来实现无线网络接入的这样一类手机的总称。

2. **宽带**　传播能力较强的网络通信线路。

3. **无线路由器（wireless router）**　是带有无线覆盖功能的路由器，它主要应用于用户上网和无线覆盖。无线路由器可以看做一个转发器，将家中墙上接出的宽带网络信号通过天线发给附近的无线网络设备如笔记本电脑、支持 wifi 的手机等等。

4. **ADSL**　英语 Asymmetrical Digital Subscriber Line 的缩写，非对称数字用户线路，宽带的一种。

5. **带宽（band width）**　是指在固定的时间可传输的资料数量，也就是在传输管道中可以传递数据的能力。

语句理解与练习（1-1）

1. 您在家的时候，**不仅**可以用电脑上网，手机上网**也**不会占用流量。

"不仅"是连词，意思同"不但"，用在递进复句的前半句中。后面多与"还、也、而且"搭配。

(1) 吃某些减肥药不仅不能达到目的，还会有害健康。
(2) 这家饭馆儿不仅饭菜难吃，价钱也贵得要命。
(3) 他不仅会做饭，而且做出的饭菜味道很香。

用"不仅……，（还、也、而且）……"完成句子：

(1) 这家公司不仅销量在本市排名第一，_____。
(2) 这种手机不仅外形漂亮，_____。
(3) 去那里旅行不仅有危险，_____。
(4) 我们不仅要保证产品质量第一，_____。

2. 我觉得**各有**利弊。

"各有……"表示所说的人或事物有所不同。

(1) 出国留学还是留在国内上学？我觉得各有利弊。
(2) 这几位职员各有特点，都是不错的员工。

了解下面的词语的意思，并各造一个句子：

(1) 各有千秋：_____。
(2) 各有特点：_____。
(3) 各有苦衷：_____。
(4) 各有不同：_____。
(5) 各有解释：_____。
(6) 各有高招：_____。
(7) 各有所想：_____。
(8) 各有所图：_____。

3. 小区宽带的接通需要有一定数量的用户，否则无法开通。

"否则"是连词，连接小句，用在后句前，意思是"如果不是这样"。

（1）你得努力学习，否则你别想按时毕业。

（2）你应该好好承认错误，否则的话，学校会给你处分的。

 完成下面的句子：

（1）咱们必须马上出发，否则_____。

（2）夏天出门的时候一定要带雨伞，否则_____。

（3）你最好马上向经理道歉，否则_____。

（4）你今晚还是好好复习吧，否则_____。

练习

1. 用上画线的词语回答问题：

（1）你希望找一份收入不高但比较<u>稳定</u>的工作吗？

（2）你喜欢<u>下载</u>网上的哪些资料？

（3）如果你的电脑上网<u>速度</u>过慢，你知道是什么原因吗？怎么解决？

（4）你现在是哪个网站的<u>用户</u>？说说你为什么常常浏览这个网站。

2. 请你说说：

（1）你现在采用什么方式上网？

（2）你喜欢在网上聊天儿吗？喜欢和陌生人聊天儿吗？

（3）网络对你的学习或工作有帮助吗？

3. 成段表达：

说说小区宽带和ADSL各自的利弊。

会话篇（二）

网上购物

词语准备（1-2）

1	普及	动	pǔjí	to spread；extend far and wide
2	网民	名	wǎngmín	netizens；cyber citizen
3	大约	副	dàyuē	approximately；about
4	网站	名	wǎngzhàn	internet
5	购买	动	gòumǎi	to purchase；to buy
6	中意		zhòng yì	to be fond of
7	化妆品	名	huàzhuāngpǐn	cosmetics
8	珠宝	名	zhūbǎo	jewelry；pearls and jewels
9	适宜	形	shìyí	suitable；appropriate
10	网络	名	wǎngluò	network
11	妥当	形	tuǒdang	appropriate
12	信誉	名	xìnyù	reputation
13	支付	动	zhīfù	to pay（money）
14	警察	名	jǐngchá	police
15	处理	动	chǔlǐ	to handle；to settle
16	打招呼		dǎ zhāohu	to notify；to let sb. know

会话课文

（在商场）

马　丁：王丽，买东西呀？难得在这里见到你。

王　丽：工作太忙，我很少逛商店，经常在家上网购物。

马　丁：在中国，网上购物方便吗？

第一课　网络时代

王　丽：别提多方便了！网上购物不光方便，还有别的好处，一是快，二是便宜，因为很多商品都是厂家直销。

马　丁：现在网上购物的人多吗？

王　丽：越来越普及了，据统计，中国有百分之四十多的网民有网上购物的习惯，也就是说，大约有一半儿的网民会从网站上购买自己中意的商品。

马　丁：网上购物可靠吗？

王　丽：买书、CD、化妆品、服装什么的一般没有问题，如果买珠宝、收藏品就不适宜在网上购买，可以利用网络联系到卖家，然后当面看货比较妥当。

马　丁：网上购物的安全性怎么样？

王　丽：一般没问题，只要您选择信誉好的网上商店，选择"支付宝"等第三方支付方式，就比较安全。还有，卡里不要放太多的钱。我在网上购物已经几年了，到现在还没出过什么问题。真要是出了问题，您也可以在网上找网络警察处理。

马　丁：如此看来，我也可以试试网上购物。

王　丽：您要是需要，跟我打声招呼就行了，我帮您办。

注释

1. **厂家直销**　厂家不经过中间环节，直接把货物卖给消费者。
2. **支付宝**　支付宝是中国国内先进的网上支付平台，是针对网上交易而特别推出的安全支付业务。其运作的实质是以支付宝为信用中介，在买家确认收到商品前，由支付宝替买卖双方暂时保管货款的一种服务。

语句理解与练习 (1-2)

1. 别提多方便了。

　　"别提多……了"表示程度极高。替换的词语一般为形容词或表示心理活动的动词。有感叹的语气。如：

(1) 今天别提多热了。

(2) 看到大家都这样热心地帮助他，他别提多感动了。

用"别提多……了"从肯定与否定两个方面回答下列问题：

(1) 他给你介绍的女朋友怎么样？

(2) 他买的电脑怎么样？

(3) 他做的菜好吃吗？

(4) 你们公司的老板怎么样？

(5) 昨晚的电影有意思吗？

2. 网上购物不光方便，还有别的好处。

"不光"在这里是连词，用在递进复句的前一分句，后一分句常有"还、也"等呼应。如：

(1) 这种机器不光可以把衣服洗干净，还能起到烘干的作用。

(2) 这家公司的货物不光是价格低，质量也不错。

完成下面的句子：

(1) 他不光英语说得好，_____。

(2) 住在这里不光环境好，_____。

(3) 这种药不光能治感冒，_____。

(4) "一卡通"不光能用来坐公共汽车，_____。

3. 网上购物不光方便，还有别的好处，一是快，二是便宜，因为很多商品都是厂家直销。

"一是……，二是……"一般用于举例，举出不同的特点。如：

(1) 那所学校不错：一是校风好，学生学习普遍都很认真；二是师资水平高。

(2) 我很喜欢这里的生活，一是这里的空气好，二是在这里生活比较安静。

用上"一是……，二是……"介绍你生活的城市或者你工作、学习的地方。

4. 据统计，中国有百分之四十多的网民有网上购物的习惯。

"据"是介词，用于书面语，常用在动词（多为双音节动词）前，表示依据、按照。

(1) 据分析，食用油价格有望进一步下调。

(2) 据统计，我市人口已经超过一千万。

用下面的词语各写一个完整的句子：

(1) 据统计：_____。

(2) 据报道：_____。

(3) 据调查：_____。

(4) 据了解：_____。

练习

1. 根据课文内容回答下面的问题：

(1) 网上购物有什么好处？

(2) 网上购物为什么便宜？

(3) 什么东西不适合在网上购买？

(4) 网上购物出了问题怎么办？

2. "购物"、"上网"这样的词语都是可以分开也可以合并的离合词，你还学过哪些离合词，请写在下面：

(1)　　　　　(2)　　　　　(3)　　　　　(4)

(5)　　　　　(6)　　　　　(7)　　　　　(8)

3. 想一想，说一说：

(1) 在网上除了购物以外，还可以做哪些事情？

(2) 预测网络今后的发展。

阅读篇

建立自己的博客

词语准备（1-3）

1	博客	名	bókè	blog
2	逐渐	副	zhújiàn	gradually
3	流行	动、形	liúxíng	popular；fashionable
4	译音	名	yìyīn	transliteration
5	简称	名、动	jiǎnchēng	abbreviation；to be called sth. for short
6	日志	名	rìzhì	journal；daily record
7	发布	动	fābù	to issue；to release
8	网页	名	wǎngyè	web page
9	简短	形	jiǎnduǎn	brief；short
10	帖子	名	tiězi	poser
11	交流	动	jiāoliú	to communicate
12	平台	名	píngtái	platform
13	拥有	动	yōngyǒu	to own；to have
14	建立	动	jiànlì	to establish；to build up
15	注册	动	zhùcè	to register
16	设计	动、名	shèjì	to design
17	风格	名	fēnggé	style
18	页面	名	yèmiàn	page
19	发表	动	fābiǎo	to publish
20	分享	动	fēnxiǎng	to share
21	网址	名	wǎngzhǐ	internet address；website
22	印	动	yìn	to print

23	吸引	动	xīyǐn	to attract；to appeal to
24	话题	名	huàtí	topic
25	违反	动	wéifǎn	to contravene；to be contrary to

阅读课文

近年来，博客这个词语在中国逐渐流行开来，越来越多的人在网上建立了自己的博客。

博客是英文 Blog 的译音。Blog 是 Weblog 的简称，翻译成中文是"网络日志"，是一种简单的个人信息发布方式。一个博客也就是一个网页，一般是由简短且经常更新的帖子构成的。人们可以在自己的博客中自由地写文章、发照片，让博客成为自己与别人交流的平台。

怎样才能拥有自己的博客呢？建立博客其实很简单，你可以到一家有名的博客网站注册一个用户名，并为自己的博客设计一个能体现自己风格的页面。注册成功之后，就可以在上面发表自己的文章了。

建立自己的博客，当然希望别人看到，和自己分享其中的快乐。你可以通知自己的朋友上网浏览，也可以把自己博客的网址印在名片上。此外，你必须经常给你的博客增加新的内容，选择大家都关心的话题，要让你的博客内容吸引别人。不过，违反法律的内容可千万不要登在你的博客里呀！

语句理解与练习（1-3）

1. <u>近年来</u>，博客这个词语在中国逐渐流行开来。

"近……来"指过去不久到现在的一段时间，常用的词语有"近日来"、"近年来"、"近些年来"等。如：

(1) 近日来，美元走势引起投资界的广泛关注。

(2) 近年来，中国与非洲的贸易额一直在稳步增长。

(3) 近些年来，世界上学习汉语的人越来越多。

请你说说：

介绍近年来你们国家的经济发展状况。

2. 近年来，博客这个词语在中国逐渐流行<u>开来</u>。

"……开来"用在双音节动词后面，表示逐步扩大、传播。如：

(1) 每年都有一些新的网络词语在社会中流行开来。

(2) 腐败现象在一些国家的体育界蔓延（mànyán）开来。

请你说说：

介绍你知道的近年来在中国流行开来的新词语。

3. <u>此外</u>，你必须经常给你的博客增加新的内容。

"此外"是连词，指除了上面所说的事物或情况之外的。如：

(1) 洋快餐吃多了会得肥胖症，此外，也有可能引起儿童患上多动症。

(2) 进入21世纪，现代婚礼大多在饭店举办。此外，还出现了水下婚礼等形式。

用上"此外"介绍：

(1) 一种食物：_____。

(2) 一种运动：_____。

(3) 一种病：_____。

练习

1. 从课文中找出能和下面的动词搭配的词语：

　　(1) 发布（　　）　　(2) 更新（　　）　　(3) 交流（　　）

　　(4) 设计（　　）　　(5) 浏览（　　）　　(6) 违反（　　）

2. 根据你了解的知识回答下面的问题：

（1）博客里面可以放进哪些内容？

（2）怎样提高你的博客的点击率？

3. 向有经验的人学习建立和完善博客的方法。

综合练习

一、听录音，然后从 ABCD 四个选项中选择最恰当的答案：

1. 如果交年费，每月的平均费用是多少？

　　A. 一百多元　　B. 九十多元　　C. 八十多元　　D. 七十多元

2. 王女士在网上订购的书哪一本还没送到？

　　A. 词典　　　　B. 汉语教材　　C. 菜谱　　　　D. 儿童漫画

二、听录音，然后从 ABCD 四个选项中选择最恰当的答案：

1. 购买 100 元的图书，最多只要付：

　　A. 12 元　　　B. 20 元　　　C. 25 元　　　D. 88 元

2. 录音中没有提到：

　　A. 在本网站购物可以享受现金返还

　　B. 现金返还活动至本月月底

　　C. 在本网站购物都可以返还 25% 的现金

　　D. 在享受各种优惠活动的同时还可以获得现金返还

三、把你学过的有关词语填写在后面的空格内：

户	用户					
性	稳定性					
址	网址					

四、选词填空：

> 另外　　恐怕　　大约　　其实　　逐渐

1. 天亮了，街上也（　　）热闹起来了。
2. 人们都说那家饭馆儿很远，（　　）骑车去也就十分钟。
3. 他的病吃什么药都不管用，吃这种药（　　）也没什么效果。
4. 他不愿意干，你（　　）再找个人干不就行了？
5. 我住的房间面积（　　）二十平方米。

五、了解下面词语的意思，并谈谈自己对其中某一词语的看法：

1. 网友——
2. 网虫——
3. 网络语言——
4. 网恋——
5. 网婚——
6. 网上红人——

六、辩论：

该不该限制未成年人进网吧？

七、阅读下面的短文，然后解释后面的词语：

一些网民在网上聊天儿或者在论坛发帖子的时候，为了更快、更方便，常常使用和汉字读音相近的数字来代替要说的词或句子。比如：如果你爱一个人，你可以说"520"（我爱你）；同意别人的看法可以说"9494"（就是就是）；很伤心时可以用"555"（呜呜呜）；很生气时可以用"7456"（气死我了）；和人再见可以说"88"（Bye-bye）。除了数字，人们还用汉语拼音、英文的缩写或是根据英文的读音自造一种缩写方式，比如说："姐姐"写"JJ"，"哥哥"写"GG"，"男朋友"写"BF（boyfriend）"，"再见"写"CU（see you）"，"谢谢"写"3X（thanks）"。

除了快和方便的要求以外，网络语言还追求亲切和有趣。为了听起来亲切，网上的"我"要说成"偶"；"东西"不是说"东西"，而是说"东东"。

第一课　网络时代

为了听起来有趣，在网上，人们把丑女叫做"恐龙"；把丑男叫做"青蛙"；网络新手被称为"菜鸟"；网络高手被称为"大虾"；在论坛上发表没有价值的文章叫"灌水"；在论坛里不发帖子叫"潜水"。这些词在汉语中本来都有别的意思，现在和网络联系起来，产生了新的意义。

1	大虾		8	JJ	
2	恐龙		9	CU	
3	菜鸟		10	BF	
4	灌水		11	GG	
5	潜水		12	3X	
6	偶		13	88	
7	7456		14	520	

八、调查：

向十个以上年轻人调查下面的题目，得出百分比，写一个相关的调查报告：

调查题目	非常喜欢（%）	有时（%）	不喜欢（%）
你喜欢上网吗？			
你喜欢玩儿网络游戏吗？			
你喜欢网上聊天儿吗？			
你喜欢在网上收集资料吗？			
你喜欢网上购物吗？			
你喜欢在网上结交网友吗？			
你喜欢……			

九、交流：

1. 介绍你认为比较好的一家网站。
2. 说出你知道的今年的网络新词语。

十、写作：（400字）

我与网络。

附 录

建议常用语

1	我觉得这种款式的衣服最适合您穿。
2	我建议您买这种最新款的跑步机。
3	您可以试用我们的产品,效果挺不错的。
4	您可以把同类产品作一个比较,挑选您最满意的。
5	您最好多采访一些客户,看看他们需要哪一类健身器材。
6	做您这种工作的人需要我们的产品帮助您保持健康的身体。
7	我向您保证,您使用我们的产品后绝不会后悔。
8	我想,这种保健品对您这样过度疲劳的人是非常需要的。
9	跟我们合作吧,这对双方都有好处。
10	我们双方建立合作关系一定会有双赢的结果。

第二课　交际礼仪

课前热身

1. 在你们国家，去朋友家祝贺生日、结婚等等，应该带些什么礼物？
2. 在你们国家，去朋友家祝贺生日、结婚等等，应该说哪些祝福的话？

课文

会话篇（一）

只要心意到了就行了

词语准备（2-1）

1	董事长	名	dǒngshìzhǎng	chairman of the board of directors
2	请柬	名	qǐngjiǎn	invitation card
3	婴儿	名	yīng'ér	infant
4	具体	形	jùtǐ	detailed
5	指点	动	zhǐdiǎn	to give advice
6	未尝	副	wèicháng	have not
7	祝贺	动	zhùhè	to congratulate
8	可爱	形	kě'ài	lovely

9	机灵	形	jīling	clever; smart
10	祝福	动	zhùfú	to bless; to wish
11	成长	动	chéngzhǎng	to grow up
12	聪明	形	cōngming	clever; bright
13	乖	形	guāi	good; well-behaved
14	帅	形	shuài	handsome; smart
15	违心	动	wéixīn	against one's conscience
16	夸	动	kuā	to praise; compliment
17	通	量	tòng	(measure word)

会话课文

马　丁：王丽，我刚刚收到董事长的请柬，说后天给他的孙子办满月，请我到他家去喝酒。你说我给他的孙子带什么礼物好呢？

王　丽：大家都是熟人，不用太讲究，带些婴儿用品就行了。

马　丁：你能不能具体指点一下该带些什么？

王　丽：说实话，在这方面我也没有什么经验。给孩子送宝宝装或儿童车应该是不错的选择，送纸尿裤什么的也未尝不可。我觉得，送什么不重要，只要心意到了就行了。

马　丁：我这是第一次去别人家祝贺孩子满月，到了那儿我该说些什么呀？

王　丽：首先当然要说些祝贺的话，像中国人常说的"喜得贵子"或者"喜得千金"什么的，然后夸夸孩子，"可爱"呀、"机灵"啊，最后再说些祝福的话，什么"祝宝宝健康成长，长命百岁，越长越聪明，越长越可爱，越长越乖，越长越帅……"（笑）当父母的，都爱听这样的话。

马　丁：要是那孩子长得既不可爱也不机灵，我说些什么？

王　丽：这时候您可不能实话实说呀！

马　丁：那我该说些什么？我总不能违心地夸孩子一通吧？

王　丽：您可以这么说呀："这孩子，眼睛长得像妈妈，鼻子长得像爸爸，嘴长得像妈妈，脸长得像爸爸……"

注释

1. 办满月　在孩子出生满一个月的时候，要请亲戚朋友来摆酒庆祝。

2. 宝宝装　指为婴幼儿准备的服装，多是成套的。

3. 纸尿（niào）裤　多指穿在婴幼儿身上防止婴幼儿尿湿衣裤的一次性卫生用品。

4. 喜得贵子（千金）　祝贺他人生育后代的话语。祝贺生男孩儿说"喜得贵子"，祝贺生女孩儿说"喜得千金"。

5. 长命百岁　祝福语，希望对方长寿。

语句理解与练习（2-1）

1. 送纸尿裤什么的也<u>未尝不可</u>。

   "未尝不可"意思是"不是不可以"，表示在特别的情况下做某事也是可行的。

   （1）在考不上大学本科的情况下，上大专也未尝不可，只要有学上就行。

   （2）黄金周去外地旅行的人太多了，我看在北京周边玩儿玩儿也未尝不可。

   用上"未尝不可"完成下面的句子：

   （1）结婚时一定要坐高级轿车吗？我看＿＿＿＿＿＿＿＿＿＿＿。

   （2）房间里不一定都要安上空调，＿＿＿＿＿＿＿＿＿＿＿。

   （3）去医院看病人可以送花，但是＿＿＿＿＿＿＿＿＿＿＿。

2. 这时候您可不能<u>实话实说</u>呀！

   "实话实说"表示说出心里真实的想法或坦白真实的情况。

   （1）你心里到底是怎么想的？我希望你实话实说。

   （2）警察已经掌握了证据（zhèngjù），你就实话实说了吧。

讨论：

在与人交往中，哪些话应该实话实说？哪些话不能实话实说？

3. 我**总不能**违心地夸孩子一通**吧**？

"总不能……吧"表示"不管怎么样，都不能……"。

(1) 甲：这几件我都喜欢。

乙：那总不能都买回去吧？

(2) 我们得想想办法，总不能走着回饭店吧？

用括号里的词语加上"总不能……吧"完成对话：

(1) 甲：别洗脸了！要迟到了！（这个样子去上课）

乙：＿＿＿＿＿＿＿＿＿＿＿＿＿＿＿＿＿＿＿＿＿。

(2) 甲：附近没有卖礼物的商店。（空手去朋友家）

乙：＿＿＿＿＿＿＿＿＿＿＿＿＿＿＿＿＿＿＿＿＿。

(3) 甲：实在找不到住的地方了。（住在大街上）

乙：＿＿＿＿＿＿＿＿＿＿＿＿＿＿＿＿＿＿＿＿＿。

(4) 甲：这几家饭馆儿都不太干净。（饿着）

乙：＿＿＿＿＿＿＿＿＿＿＿＿＿＿＿＿＿＿＿＿＿。

练习

1. 找出课文中祝贺别人孩子满月时常说的话并加以补充：

1	
2	
3	
4	
5	
6	
7	
8	

2. 根据课文内容判断正误：

(1) 王丽告诉马丁去祝贺别人孩子满月不一定带贵重的礼物。（　　）

(2) 祝贺别人生了女孩儿应该说"祝您喜得千金"。（　　）

(3) 王丽认为面对长得难看的孩子也应该夸这孩子长得漂亮。（　　）

3. 请你说说：

(1) 你们国家有没有给孩子办满月的习俗？

(2) 在孩子过生日、过儿童节、过新年的时候，你们国家的人会对孩子说哪些祝福的话语？

会话篇（二）

客气话与实事求是

词语准备（2-2）

1	实事求是		shí shì qiú shì	be realistic and truthful
2	交往	动	jiāowǎng	to associate；to contact
3	礼貌	名	lǐmào	politeness；manners
4	应聘	动	yìngpìn	to apply for job
5	连连	副	liánlián	repeatedly；again and again
6	录用	动	lùyòng	to employ
7	谦虚	形	qiānxū	modest
8	交际	动	jiaojì	to communicate；social intercourse
9	心态	名	xīntài	mentality
10	打击	动	dǎjī	to upset；to blow to
11	积极性	名	jījíxìng	zeal；initiative
12	替	介	tì	for；on behalf of
13	瞎	副	xiā	(self-depreciatory expression) aimlessly
14	明明	副	míngmíng	evidently；obviously

会话课文

马　丁：我知道你们中国人在交往中很讲究礼貌，可是我觉得你们有时候说话不实事求是。

王　丽：您为什么这么说呢？

马　丁：比如我在加拿大的公司工作的时候，有一位中国朋友到我们公司去应聘。我知道他的英文很好，可是当我们老板问他英文怎么样时，他连连摆手说："不行！不行！"结果老板就没有录用他。你说这是不是不实事求是？

王　丽：他那么说，是表示谦虚。

马　丁：他这一谦虚不要紧，把工作都"谦虚"掉了。

王　丽：这是您的老板不了解中国人的交际心态。

马　丁：再比如说，我看到一个孩子画儿画得很好、字写得很好的时候，我夸他，可是他的妈妈在一边总是说："不好！不好！"这是不是有点儿打击孩子的积极性？

王　丽：这是妈妈替孩子说出的客气话，孩子是理解妈妈的话的，不会因妈妈说这样的话而不高兴的。

马　丁：最让我不理解的是，你夸一个人文章写得好的时候，他说"不好不好"也就算了，他在后面往往又加上一句："瞎写！"明明是很认真写出来的嘛！怎么是瞎写呢？

王　丽：这个……

语句理解与练习 (2-2)

1. 他这一谦虚不要紧，把工作都"谦虚"掉了。

"这一……不要紧"常与形容词性或动词性词语搭配，强调由于某一言行造成后面所说的麻烦。

（1）本来我不紧张，他老是对我说："别紧张！别紧张！"这一说不要紧，我倒紧张起来了。

(2) 见到那只狗追过来，他赶紧往前跑，这一跑不要紧，摔了个跟头。

📝 用下面的短语各写成一句完整的话：

(1) 这一看不要紧：_____。

(2) 这一喊不要紧：_____。

(3) 这一害怕不要紧：_____。

(4) 这一激动不要紧：_____。

2. 最让我不理解的是，……

"……的是"表示强调或转折，多用于复句中的后一分句。

(1) 考试得多少分不重要，重要的是看你学到了多少知识。

(2) 我很想去看晚上的足球比赛，遗憾的是我没买到票。

(3) 甲：孩子丢了钱你也不应该对她发那么大的脾气。

乙：她丢了钱倒不是什么大事，让我感到生气的是她对我说谎。

📝 用"……的是"加上下面的词语各写一个完整的句子：

(1) 可惜：_____。

(2) 着急：_____。

(3) 倒霉（dǎoméi）：_____。

(4) 高兴：_____。

(5) 幸运：_____。

(6) 可笑：_____。

3. 他说"不好不好"也就算了，……

"……也就算了"用在让步复句的前一分句，表示对前面所说的可以理解或不再计较，后一分句则对后面所说的事情表示无法理解或原谅。

(1) 你不来上课也就算了，为什么还要编（biān）瞎话？

(2) 你不愿意陪我去也就算了，何必找借口？

用"……也就算了"完成下面的句子：

(1) 你骑车撞了我也就算了，_____。

(2) 她服务态度不好也就算了，_____。

(3) 这个食堂的饭菜不好吃也就算了，_____。

(4) 你们的商品价格比别家贵也就算了，_____。

练习

1. 根据课文内容判断正误：

(1) 那位应聘的中国人的英语说得不够好。（　　）

(2) 孩子的妈妈觉得自己的孩子画画儿画得不好。（　　）

(3) 孩子因为妈妈说他画得不好而不高兴。（　　）

(4) 中国人说自己水平不高是表示谦虚。（　　）

2. 当你听到别人对你说下面的话时，你怎么回答？你的中国朋友呢？

(1) 你的汉语说得很好。

(2) 你的字写得很漂亮。

(3) 你家真宽敞（kuānchang）啊！

(4) 你很聪明。

3. 下面句子中加点的词语是什么意思？什么时候说？请向你的中国朋友请教，然后向大家汇报：

1	唱得不好，请多多包涵。
2	甲：您辛苦了。乙：彼此彼此。
3	甲：你真可以做我的发音老师。乙：不敢当。
4	让您费心了。
5	甲：您是我见过的最好的老师。乙：您过奖了。
6	甲：你的汉字写得真好。乙：哪里，还差得远呢。

7	让您受累了。
8	托您的福，一切都很顺利。
9	我唱得不好，献丑了。

阅读篇

人际交往中的敬辞与谦辞

词语准备（2-3）

1	人际	形	rénjì	interpersonal
2	相互	副	xiānghù	each other
3	事物	名	shìwù	object；thing
4	谦称	动、名	qiānchēng	self-depreciating
5	免	动	miǎn	to dispense with
6	对方	名	duìfāng	other side
7	尊重	动	zūnzhòng	to respect
8	承受	动	chéngshòu	to bear；to appreciate
9	尊		zūn	(polite expression) your
10	称	动	chēng	to call；to address
11	以及	连	yǐjí	and；in addition
12	询问	动	xúnwèn	to ask；to inquire
13	令		lìng	(polite expression) your
14	专	副	zhuān	specialized
15	亲属	名	qīnshǔ	kinsfolk；relatives
16	则	连	zé	indicating that one action follows another

17	愚		yú	(self-depreciatory expression) humble
18	拙		zhuō	(self-depreciatory expression) my
19	见解	名	jiànjiě	view; opinion
20	辈分	名	bèifen	seniority in the family or clan generational hierarchy
21	话语	名	huàyǔ	speech; utterance
22	包含	动	bāohán	to include; to imply
23	在内	动	zàinèi	including
24	多余	形	duōyú	redundant; superfluous

阅读课文

　　人们在交往的时候，总是离不开相互之间的称呼。在汉语中，有几个词语常用于称呼，有的属于敬辞，用于称呼别人或与别人有关的人或事物；有的属于谦辞，在别人面前谦称自己或与自己有关的人或事物。在使用这些词语的时候一定要注意，用错了会闹出笑话来的。

　　敬辞中使用最多的是"贵"这个字。初次见面的时候，人们常互问姓名。"您贵姓？""免贵，我姓……。"前者是向对方表示尊重，后者的意思是："我承受不起这个'贵'字，还是把它去掉吧。"我们平时常说的"贵公司、贵校、贵国"等等，都是表示对对方的尊重。

　　"尊"也常用于称对方以及与对方有关的人或事物，如称对方的妻子为"尊夫人"；询问对方姓名时，可以说："请问尊姓大名？"

　　"令"专用于称对方的亲属或有关系的人，如"令尊（称对方的父亲）"、"令堂（称对方的母亲）"、"令兄（称对方的哥哥）"、"令郎（称对方的儿子）"、"令爱（称对方的女儿）"等等。

　　谦辞则是在别人面前称呼自己或与自己相关的人或事物时用的。如"愚"就是用于自己的谦辞，"愚兄（对比自己年轻的人的自称）"、"愚见（称自己的意见或见解）"等等。"拙"多用于称自己的文章、见解，如"拙作、拙见"等等。"家"是对人称自己的辈分高或年纪大的亲属，如"家父、家兄"等等。

不理解以上词语的含义的人，常常说出"您令郎"、"我家父"之类的话语，却不知"令"已经包含"您"的意思在内、"家父"就是"我父亲"的意思，前面所加的人称代词就是多余的了。如果说出"您家父"这样的话语，就会让人摸不着头脑了。

注释

1. 敬辞　含恭敬口吻的用语或表示尊敬的称呼。

2. 谦辞　表示谦虚的言辞或称谓。

3. 人称代词　代词的一类，如"我、你、他、我们"等等。

语句理解与练习（2-3）

1. 前者是向对方表示尊重，后者的意思是……

   "者"用在"前、后"等方位词或数词后面，指前面所说的事物。

   （1）你们提出的这两个条件，无论前者还是后者，我们都不能同意。

   （2）你现在既要注意休息，又要适当运动，二者并不矛盾。

   查词典，了解下面这些语句的含义，看看"者"在句中的意思：

   （1）鱼和熊掌，两者不可兼得。

   （2）二者必居其一。

   （3）当局者迷，旁观者清。

   （4）狭路相逢勇者胜。

2. 常常说出"您令郎"、"我家父"之类的话语。

   "……之类"表示属于某一类别的。

   （1）现在，购买家用电器之类的商品都可以采用分期付款的方法。

   （2）我们打算做汽车用品之类的代理商，可不知怎样找到客户。

你想为某一灾区送去一批他们急需的货物，请选择并说说为什么要送这类货物：

(1) 卫生纸之类的生活日用品

(2) 锅碗之类的厨房用品

(3) 棉衣之类的服装

(4) 电视机之类的家用电器

(5) 方便面之类的食品

3. 如果说出"您家父"这样的话语，就会让人摸不着头脑了。

"摸不着头脑"多与"让、使"等词语搭配，指弄不清怎么回事，莫名其妙。

(1) 他突然对我们发了脾气，让我们摸不着头脑，只好悄悄地离开。

(2) 这次考试的题目很怪，真使人摸不着头脑，不知该怎么回答。

说说在什么情况下你有一种"摸不着头脑"的感觉。

练习

1. 下面带点的词语，哪些是尊称别人的？哪些是谦称自己的？

(1) 愚见　　　　(2) 尊夫人　　　　(3) 令兄

(4) 家父　　　　(5) 拙作　　　　　(6) 贵公司

2. 查词典，了解下面词语的意义，看看哪些属于谦辞，哪些属于敬辞：

(1) 不敢当：＿＿＿＿＿＿＿＿＿＿＿＿＿＿＿＿＿＿＿＿＿＿＿＿＿＿＿。

(2) 惠顾：＿＿＿＿＿＿＿＿＿＿＿＿＿＿＿＿＿＿＿＿＿＿＿＿＿＿＿＿。

(3) 拜托：＿＿＿＿＿＿＿＿＿＿＿＿＿＿＿＿＿＿＿＿＿＿＿＿＿＿＿＿。

(4) 过奖了：＿＿＿＿＿＿＿＿＿＿＿＿＿＿＿＿＿＿＿＿＿＿＿＿＿＿。

(5) 高见：＿＿＿＿＿＿＿＿＿＿＿＿＿＿＿＿＿＿＿＿＿＿＿＿＿＿＿＿。

(6) 哪里哪里：＿＿＿＿＿＿＿＿＿＿＿＿＿＿＿＿＿＿＿＿＿＿＿＿＿。

3. 把下面的字组成词或短语：

(1) 令： _____ _____ _____

(2) 家： _____ _____ _____

(3) 拙： _____ _____ _____

(4) 贵： _____ _____ _____

4. 选词填空：

(1) 请问 _____ 姓大名？（贵、尊）

(2) 这是 _____ 父在美国拍的照片。（拙、家）

(3) 免 _____ ，我姓张。（尊、贵）

(4) 这是我个人的一点 _____ 见。（高、拙）

综合练习

一、听录音，然后从 ABCD 四个选项中选择最恰当的答案：

1. 女士为什么去卫生间？

   A. 她有秘密，不愿让男士听到

   B. 她觉得在厕所接电话比较安静

   C. 她说的"接电话"是"去厕所"的含蓄说法

   D. 她要去卫生间打扮一下

2. 女士未被录用的原因是什么？

   A. 她的英语说得不好

   B. 她的英语水平考试成绩不理想

   C. 她过分谦虚

   D. 她做了真实的回答

二、听录音，然后判断正误：

1. 在正式商务场合，人们并不在意别人对自己的称呼。（   ）
2. 在正式商务场合，要称呼对方的职务、职称而不要称呼他的名字。（   ）
3. 在正式商务场合，不应与对方称兄道弟。（   ）
4. 有些民间的称呼给人一种缺少文化素质的感觉。（   ）

三、在下面的横线上填上适当的动词：

1. _____请柬   2. _____礼貌   3. _____积极性
4. _____礼物   5. _____尊重   6. _____姓名

四、用画线的词语回答下面的问题：

1. 你对人们在没有办法的情况下<u>违心</u>地做自己并不愿意的事怎么看？
2. 当感到自己无法<u>承受</u>工作或学习上的压力时，你会怎么做？
3. 你认为在什么情况下，你的<u>劝解</u>（quànjiě）是<u>多余</u>的？
4. 你是否认为人在任何情况下说话都应该<u>实事求是</u>？
5. 你是否认为<u>谦虚</u>是一种美德？

五、小演讲：

介绍你知道的几句客气话（什么意思、什么时候说）。

六、和你的搭档编一段对话并表演，要求用上下面的词语：

(1) 尊重   (2) 祝贺   (3) 礼貌   (4) 谦虚
(5) 交往   (6) 人际   (7) 相互   (8) 贵

七、阅读下面的短文，然后判断正误：

　　客套话是人际交往中表示客气的话，在商业交往中，学会说客套话是必不可少的。

　　初次见面，双方要互相认识，当你把名片递给对方时，对方常说"久仰久仰"，意思是"早就听过您的大名，对您仰慕已久"；或者说"幸会幸会"，表示"见到您感到十分荣幸"。如果在商业交往中打过交道，对方会说"久违了"，这就比说"好久不见了"显得更客气一些。

在商业交往中，双方需要合作，少不了要说些请求、道歉或者感谢的话语。需要帮忙的时候，常用"拜托"；无法满足对方的要求或者觉得对不起对方，要说"请多包涵"；向对方表示感谢，则说"您辛苦了"，也可以说"让您费心了"或者"让您受累了"，兼有感谢和道歉之意。

商业交往免不了请客送礼，送礼时自称礼轻要说"薄礼"，口语中也常说"一点小意思"；向对方发出邀请时，常常这样说："我们想周末与您小聚，不知您肯不肯赏光？"

判断正误：

1. 再次见面应该说"久违了"。（　　）
2. 在商业交往中，送礼要送比较便宜的礼物。（　　）
3. 向对方道歉时要说"您辛苦了"。（　　）

八、调查：

请向你周围的中国人做一项有关敬辞、谦辞的调查，了解他们对敬辞、谦辞的使用情况，最后做总结分析：

调查人群	什么是敬辞、谦辞？		你常用敬辞、谦辞吗？		你对敬辞、谦辞怎么看？	
	清楚（％）	不清楚（％）	常用（％）	不常用（％）	有用（％）	没有用（％）
老人（50岁以上）						
公司职员						
大学生						
中学生						
小学生						

九、讨论：

1. 当别人夸你或跟你有关的人或事物时，谈谈怎样回答才是得体的。

2. 现在一些年轻人认为礼貌语言过时了,没必要学;可是一些老年人认为现在的年轻人不懂礼貌,请对此发表你的见解。

3. 结合你们国家的情况谈谈关于礼貌语言的问题。

十、写作:(400字)

我看中国人交际场合的谦虚。

附 录

祝贺常用语

(一)节日祝福语

1	新春快乐。
2	恭贺新禧。
3	恭喜发财。
4	岁岁平安。
5	心想事成。
6	万事如意。

(二)生日祝福语

1	长命百岁。
2	生日快乐。
3	健康长寿。
4	福如东海,寿比南山。
5	万寿无疆。

（三）新婚祝福语

1	百年好合。
2	白头偕老。
3	天作之合。
4	永结同心。
5	幸福美满。
6	夫妻恩爱。

（四）事业上的祝福语

1	工作顺利。
2	马到成功。
3	前程远大。
4	事业有成。
5	一帆风顺。
6	鹏程万里。

第三课　邮寄业务

课前热身

1. 你在中国领取过来自国外的包裹吗？谈谈领取经过。
2. 你在你们国家怎样给朋友发贺年卡？
3. 介绍你们国家的一家快递公司。

课文

会话篇（一）

平邮还是快递？

词语准备（3-1）

1	快递	名	kuàidì	express delivery
2	包裹	名	bāoguǒ	package
3	领取	动	lǐngqǔ	to pick up
4	贵重	形	guìzhòng	expensive
5	刚刚	副	gānggāng	right now
6	凭	介	píng	according to

7	有效	形	yǒuxiào	effective
8	证件	名	zhèngjiàn	certificate
9	指定	动	zhǐdìng	to appoint
10	查询	动	cháxún	to inquire
11	拨打	动	bōdǎ	to dial
12	邮政	名	yóuzhèng	post
13	客户	名	kèhù	customer
14	领	动	lǐng	to receive; to get
15	滞纳金	名	zhìnàjīn	demurrage (late fee)

会话课文

马　丁：王丽，有一位南方的朋友给我寄来一个包裹，他打电话来让我注意领取。

王　丽：您的朋友是通过什么方式寄来的？是平邮还是快递？

马　丁：不是什么贵重的东西，我想是平邮吧。

王　丽：您收到邮局寄来的包裹单了吗？

马　丁：还没有。朋友是今天上午刚刚寄出的。

王　丽：那您不用着急，再等一等。我们公司附近的邮局收到您的包裹以后，会给您发一份"邮件通知书"，您可以凭有效身份证件到指定的邮局去领取。

马　丁：不能直接送到家吗？

王　丽：如果是平邮，一般是要自己到邮局去领取的。快递可以送到家，EMS当然就更不用说了。

马　丁：包裹单什么时候可以寄到？我能在网上查询吗？

王　丽：平邮一般是查不到的，要查询也只能去邮局。查询时要带上您的身份证件。如果有问题，您可以拨打中国邮政客户服务电话

> 11185。
>
> 马　丁：领取包裹有时间限制吗？
>
> 王　丽：收到包裹单后十天内，您要领走您的包裹，超过10天是要收取滞纳金的。

注释

1. **平邮**　　指不挂号的普通邮寄包裹。
2. **EMS**　　Express Mail Service，邮政特快专递。

语句理解与练习（3-1）

1. 您的朋友<u>是</u>通过什么方式寄来<u>的</u>？

"是……的"句可以用来强调动作的时间、处所、方式、条件、目的、对象、工具等，这种句子全句要表达的意义重点是由"是……的"中间的内容来体现的。

(1) 我是从美国来的。（处所）

(2) 这本书是去年出版的。（时间）

(3) 他是怎么来的？（方式）

选用疑问词"谁、怎么、什么时候、哪儿"把下面的句子改写成疑问句：

(1) 这件衣服是在<u>当代商城</u>买的。

→ _____。

(2) 他是<u>3月</u>来北大的。

→ _____。

(3) 小王是<u>坐火车</u>来的。

→ _____。

(4) 这本书是<u>马教授</u>写的。

→ _____。

2. 不是什么贵重的东西。

"什么"在这里是虚指，表示不确定的事物。

(1) 你在北京有什么亲戚朋友吗？

(2) 你在这家商店买过什么东西吗？

(3) 我饿了，想吃点儿什么。

对比下面的句子，说说句子中"什么"的意思有什么不同：

(1) a. 你想喝点儿什么吗？

　　b. 你想喝点儿什么？

(2) a. 他们在谈论什么？

　　b. 他们好像在谈论着什么。

(3) a. 你在那儿有什么亲戚吗？

　　b. 你在那儿有什么亲戚？

3. 您可以凭有效身份证件到指定的邮局去领取。

"凭"在这里是介词，表示依靠、根据。

(1) 光凭经验办事，有时候是会出问题的。

(2) 警察凭着唯一的线索，抓到了犯罪嫌疑人。

(3) 学好口语，只凭老师在课堂上教是远远不够的。

谈谈你对下面这句话的认识：

世界是劳动人民凭自己的双手创造的。

4. EMS 当然就更不用说了。

"……就更不用说了"表示比前面说的更进一步。

(1) 连老师都不认识这个字，做学生的就更不用说了。

(2) 我们这里冷得让人受不了，再往北就更不用说了。

用"……就更不用说了"加上下面的词语各说一句完整的话：

（1）贵：_____ _____。

（2）难：_____ _____。

（3）热闹：_____ _____。

（4）危险：_____ _____。

练习

1. 根据课文回答下面的问题：

（1）邮寄包裹有哪些方式？

（2）取包裹需要带什么证件？

（3）包裹可以送到家吗？

（4）可以在网上查询包裹单吗？

（5）领取包裹有时间限制吗？

2. 根据实际情况填写下面的包裹单：

3. 社会实践：

试着给你的朋友邮寄一份小礼物，并说说你的邮寄经过。

4. 小调查：

在中国，哪些物品是禁止邮寄的？

会话篇（二）

中国的贺年片很漂亮

词语准备（3-2）

1	图案	名	tú'àn	pattern
2	龙	名	lóng	dragon
3	堆	量	duī	(measure word)
4	快乐	形	kuàilè	happy；joyful
5	群发	动	qúnfā	to send information to more than one person at one time
6	应付	动	yìngfu	to do (sth.) perfunctorily
7	差事	名	chāishi	errand
8	真情	名	zhēnqíng	genuine feelings；real sentiments
9	实感	名	shígǎn	real sentiments
10	亲自	副	qīnzì	in person；oneself
11	中奖		zhòng jiǎng	to win a prize in a lottery
12	意想不到		yì xiǎng bú dào	unexpected

会话课文

马　丁：王丽，你怎么买了这么多的明信片？
王　丽：这些都是有奖贺年片。快过年了，要给很多朋友寄贺年片哪！

马　丁：让我看看。哦，中国的贺年片很漂亮，虽然每一张图案不一样，但好像都有个龙……

王　丽：明年是龙年嘛，当然要有龙的图案，就像今年是兔年，每张贺年片上都要画上可爱的小兔子一样。

马　丁：我还以为中国人喜欢龙，所以贺年片一定要画龙呢。

王　丽：每年都要写一大堆贺年片，感到又辛苦又快乐。

马　丁：你为什么不在网上发贺年卡呢？网上有很多漂亮的贺年卡的图案，你想要哪一种就选哪一种。如果朋友多，你也可以用群发的办法，一下子解决问题。

王　丽：说实话，我不太喜欢用群发的方法给朋友发贺年卡，总觉得那是应付差事，缺少真情实感，还是亲自用手写更让人感到亲切。

马　丁：你说得有道理，告诉我，在哪儿买这些贺年卡，我也去买一堆……

王　丽：我帮您买吧。对了，要是您的朋友能中奖，那也是一种意想不到的惊喜呢。

注释

1. 有奖贺（hè）年片　明信片的一种，一般用于向亲友、师长等祝贺新年或春节。有奖贺年片上有奖号，中奖者可以获得相应的奖品。

2. 龙年　中国传统纪年法，用十二属相纪年，十二属相分别为：鼠、牛、虎、兔、龙、蛇、马、羊、猴、鸡、狗、猪。

语句理解与练习（3-2）

1. 我<u>还以为</u>中国人喜欢龙，所以贺年片一定要画龙<u>呢</u>。

"还以为……呢"，在中间插入对人或事物做出的某种判断，这种判断往往与事实不符。

（1）原来是你，我还以为是老师呢。

(2) 你都工作两年了？我还以为你在上学呢。

📝 用"还以为……呢"完成下面的对话：

(1) 甲：那位和男同学一起唱歌的是我们学校最年轻的女老师。

乙：_____。

(2) 甲：这种质量很好的鞋是一家无名小厂生产的。

乙：_____。

(3) 甲：别看买的东西多，其实只花了一百多块钱。

乙：_____。

2. 你想要哪一种就选哪一种。

这里的"哪一"是任指，用于量词前面，表示在某一范围中任意选择其一。

(1) 你想哪（一）天去就哪（一）天去。

(2) 这些衣服都是送给大家的，你们想要哪一件就拿哪一件。

📝 把下面的短语扩展成完整的句子：

(1) 想听哪一首就听哪一首：_____。

(2) 想吃哪一种就吃哪一种：_____。

(3) 想哪（一）天来就哪（一）天来：_____。

(4) 想睡哪一间就睡哪一间：_____。

3. 还是亲自用手写更让人感到亲切。

"还是"在这里是副词，表示经过比较、考虑，有所选择。用"还是"引出选择的另一项。

(1) 甲：明天我去你那儿，可以吗？

乙：还是我去你那儿吧，你没车，出门不方便。

(2) 甲：周末咱们带客人去颐和园怎么样？

乙：我看还是去圆明园吧，颐和园人太多。

用"还是"加上下面的词语各写一组对话：

(1) 吃日餐＿＿＿＿＿＿＿＿＿＿＿＿＿＿＿＿＿＿＿＿＿＿

甲：＿＿＿＿＿＿＿＿＿＿＿＿＿＿＿＿＿＿＿＿＿＿＿。

乙：＿＿＿＿＿＿＿＿＿＿＿＿＿＿＿＿＿＿＿＿＿＿＿。

(2) 去欧洲旅行＿＿＿＿＿＿＿＿＿＿＿＿＿＿＿＿＿＿

甲：＿＿＿＿＿＿＿＿＿＿＿＿＿＿＿＿＿＿＿＿＿＿＿。

乙：＿＿＿＿＿＿＿＿＿＿＿＿＿＿＿＿＿＿＿＿＿＿＿。

(3) 听音乐会＿＿＿＿＿＿＿＿＿＿＿＿＿＿＿＿＿＿＿＿

甲：＿＿＿＿＿＿＿＿＿＿＿＿＿＿＿＿＿＿＿＿＿＿＿。

乙：＿＿＿＿＿＿＿＿＿＿＿＿＿＿＿＿＿＿＿＿＿＿＿。

(4) 去游泳＿＿＿＿＿＿＿＿＿＿＿＿＿＿＿＿＿＿＿＿＿＿

甲：＿＿＿＿＿＿＿＿＿＿＿＿＿＿＿＿＿＿＿＿＿＿＿。

乙：＿＿＿＿＿＿＿＿＿＿＿＿＿＿＿＿＿＿＿＿＿＿＿。

(5) 去唱卡拉OK＿＿＿＿＿＿＿＿＿＿＿＿＿＿＿＿＿＿

甲：＿＿＿＿＿＿＿＿＿＿＿＿＿＿＿＿＿＿＿＿＿＿＿。

乙：＿＿＿＿＿＿＿＿＿＿＿＿＿＿＿＿＿＿＿＿＿＿＿。

(6) 去动物园＿＿＿＿＿＿＿＿＿＿＿＿＿＿＿＿＿＿＿＿

甲：＿＿＿＿＿＿＿＿＿＿＿＿＿＿＿＿＿＿＿＿＿＿＿。

乙：＿＿＿＿＿＿＿＿＿＿＿＿＿＿＿＿＿＿＿＿＿＿＿。

练习

1. 回答下面的问题：

(1) 中国的贺年片每张上面都要画上龙吗？

(2) 明年是什么年？中国的贺年片上一定会画上什么动物？

(3) 你喜欢亲笔写贺年片还是在网上发贺年卡？为什么？

(4) 你喜欢用群发的形式给朋友发贺年卡吗？为什么？

(5) 你买过有奖贺年片吗？中过奖吗？

2. 你在给朋友发贺年卡的时候，经常写哪些祝福语？请写在下面的表格里：

1	
2	
3	
4	
5	

3. 辩论：

给朋友发贺年卡亲笔写比较好。

阅读篇

宅急送

词语准备（3-3）

1	回想	动	huíxiǎng	to think back；to recall
2	当年	名	dāngnián	in those years
3	产品	名	chǎnpǐn	product
4	开办	动	kāibàn	to set up
5	运送	动	yùnsòng	to transport；to carry
6	遍布	动	biànbù	to spread all over
7	网点	名	wǎngdiǎn	network
8	创业	动	chuàngyè	to start an undertaking
9	资金	名	zījīn	fund
10	生存	动	shēngcún	to survive
11	违禁品	名	wéijìnpǐn	contraband（goods）
12	包括	动	bāokuò	include

13	趁	介	chèn	take advantage of
14	烤鸭	名	kǎoyā	roast duck
15	职工	名	zhígōng	works and staff members
16	覆盖	动	fùgài	to cover
17	地区	名	dìqū	district; area
18	城镇	名	chéngzhèn	cities and towns
19	民营	形	mínyíng	run by private citizens
20	业	名	yè	-circles
21	成本	名	chéngběn	cost

阅读课文

回想当年在日本生活的时候，看到满大街跑着"宅急便"的送货车，感觉在日本生活真方便：大到公司的产品，小到送给朋友的礼品，只要一个电话，就解决问题了。记得一个朋友对我说："我回国以后，也要开办一家像'宅急便'这样的公司。"我当时还认为这是不可能实现的事情。要知道，开办"宅急便"这样的运送公司，需要建立遍布全国的网点，中国这么大，需要建立多少网点哪？谁知道过两年回国，发现真的有人开了这样的公司，公司的名字也与日本的"宅急便"相似，叫做"宅急送"。

听说"宅急送"的主人在开始创业的时候，只有30万元资金和3辆车。那时，为了生存，公司除了违禁品，什么货物都送，甚至包括需要趁热吃的烤鸭。经过十几年的努力，"宅急送"已经拥有几千辆车，上万名职工，服务网点覆盖全国2000多个地区的城镇，在中国国内仅次于中国邮政的EMS，成为中国民营快递业的老大。

"宅急送"的特点一是快，能在约定的时间内把货物及时送到；二是能够以比较低的成本实现"快"；三是遍布各地的网点使人感到便利。这三点使得"宅急送"一步步走入人们的生活。当人们需要的时候，会自然地想到它。

注释

1. 宅急送 中国一家快递公司的名字。

2. 宅急便 日本一家快递公司的名字。

3. 老大 这里指某一行业中处于领先地位的企业。

语句理解与练习（3-3）

1. <u>谁知道</u>过两年回国，发现真的有人开了这样的公司。

    "谁知道"一般用于复句中的下半句，表示事情出乎意料之外。

    （1）赛前谁也没注意到这个小个子运动员，谁知道他竟然拿了冠军。

    （2）天气预报说今天是晴天，谁知道刚过中午就下起雨来了。

    用上"谁知道"，介绍一件出乎你意料的事情。

2. 公司的名字也<u>与</u>日本的"宅急便"<u>相似</u>。

    "A与B相似"表示前者与后者在某一特点上相像。

    （1）这件衣服与那件的颜色和式样都十分相似。

    （2）这部影片与国外一部获奖影片从内容到拍摄方法都很相似。

    用上"A与B相似"，说说在你的生活中，哪些事物与其他事物有相似之处。

3. 在中国国内<u>仅次于</u>中国邮政的EMS。

    "仅次于"表示在排名上只比后者低。

    （1）我们公司计算机的销量仅次于联想电脑。

    （2）他的110米跨栏成绩仅次于刘翔。

用"仅次于"写出和你生活或学习、工作有关的两个句子。

练习

1. 根据课文内容判断正误：

(1) "宅急送"是"宅急便"的分公司。（   ）

(2) "宅急送"是专门运送食品的公司。（   ）

(3) "宅急送"的特点一是快，二是成本低，三是便利。（   ）

(4) "宅急送"是中国快递业的老大。（   ）

2. 用下面句子中带点的词语回答问题：

(1) 在你们国家，哪些连锁店遍布全国各地？

(2) 人们在创业之初，最需要解决的问题是什么？

(3) 当你开办一家书店的时候，你用什么办法降低成本？

(4) 在当今社会中，需要掌握哪些本领才能更好地在社会中生存？

3. 你还知道哪些快递公司的名字？

4. 当你手中有 100 万元资金，你打算在中国干一番什么事业？

综合练习

一、听录音，然后从 ABCD 四个选项中选择最恰当的答案：

1. 男士最后做了什么选择？

　　A. 平邮，因为快递太贵

　　B. 快递，因为平邮时间太长

　　C. 一个快递，其他都是平邮

　　D. 一个平邮，其他都是快递

2. 女士让快递公司把快件送到哪儿？

  A. 送到北京饭店，交给她本人

  B. 交给李明，让李明送到她的办公室

  C. 直接送到办公室，交给李明

  D. 交给门卫李明，让李明送到北京饭店

二、听录音，然后计算一下搬家所需费用：

  搬家公司要收取的费用：

  （1）起价_____元

  （2）超公里费_____元

  （3）楼层费_____元

  （4）电视、冰箱搬运费_____元

  （5）搬家费用总计：_____元

三、在下面的括号里填上适当的名词：

  1. 拨打（　　　） 2. 领取（　　　） 3. 应付（　　　）

  4. 开办（　　　） 5. 建立（　　　） 6. 覆盖（　　　）

四、把你学过的有关词语填写在后面的空格内：

业	快递业	保险业				
金	资金	违约金				
件	证件	邮件				

五、小演讲：

  你是一家书店的老板，说说你用什么办法吸引读者到你的书店来。

六、实践：

  亲手制作有中国特色的贺年片，然后向大家展示并讲解你的制作过程以及贺年片的特点。

七、阅读下面的报道，然后完成后面的练习：

本月20日国务院召开常务会议，听取有关方面关于邮政体制改革的汇报，讨论并原则通过了《邮政体制改革方案》。以下是详细内容：

会议首先听取了发展改革委员会关于邮政体制改革方案的汇报。邮政业是国家重要的社会公用事业，邮政网络是国家重要的通信基础设施。随着经济体制改革的不断深化，邮政业现行管理体制已不能适应市场经济需要，进一步深化邮政体制改革已成为当前一项重要而紧迫的任务。

随后，会议批准了邮政体制改革方案。此次邮政体制改革的基本思路是：实行政企分开，加强政府监管，完善市场机制，保障普遍服务和特殊服务，确保通信安全；改革邮政主业和邮政储蓄管理体制，促进向现代邮政业方向发展。重新组建国家邮政局，作为国家邮政监管机构；组建中国邮政集团公司，经营各类邮政业务；加快成立邮政储蓄银行，实现金融业务规范化经营。要通过改革，建立政府依法监管、企业自主经营的邮政体制，进一步促进我国邮政事业的健康发展。

会议还强调，邮政体制改革涉及面广，务必贯彻积极稳妥的方针，加强领导，精心组织，分步实施，配套推进，确保改革的顺利进行。

1. 这次会议的主要议题是：

2. 实行政企分开，要做的具体事情有：
(1)
(2)
(3)

3. 给这篇报道加一个题目：

八、调查：

调查你所在城市有哪些快递公司，在各自特点上进行比较，向大家提出建议并说出理由。

九、讨论：

近年来，中国的集邮爱好者日趋增多，邮局发行的纪念邮票基本上都被这些人买走，一般人在邮局往往买不到自己喜欢的邮票。当然，你可以到邮币卡市场去买，但是那里的价格可是要上升的。如何解决这个问题，让每个喜欢邮票的人买到自己喜欢的邮票呢？

十、写作：（300字）

给曾经教过你的老师写一封祝贺新年的信。

附　录

解释常用语

1	我来向您解释一下。
2	事情的经过是这样的。
3	请您听我把话说完。
4	我想我们之间也许有些误会。
5	我们是按制度执行的。
6	事情的经过我们还需要调查一下。
7	在这件事情上我们双方都有责任。
8	这与我们的产品质量没有任何关系。
9	这不是赔款，是我们出于人道主义精神支付的。
10	我们公司绝对不会生产这种产品。

第四课　健身运动

课前热身

1. 你每天锻炼身体吗?
2. 说说你锻炼身体的方法。

课文

会话篇（一）

你经常去打保龄球吗?

词语准备（4-1）

1	健身	动	jiànshēn	body-building
2	保龄球	名	bǎolíngqiú	bowling
3	换装		huàn zhuāng	to change clothing
4	身	量	shēn	(measure word)
5	运动服	名	yùndòngfú	sports wear
6	约	动	yuē	to make an appointment
7	强硬	形	qiángyìng	tough

50

第四课　健身运动

8	对手	名	duìshǒu	rival；opponent
9	纪录	名、动	jìlù	record；to make a record
10	运气	名	yùnqi	luck；fortune
11	较量	动	jiàoliàng	to have a contest
12	局	量	jú	(measure word)
13	状态	名	zhuàngtài	state；condition
14	恰好	副	qiàhǎo	exactly；just right
15	请教	动	qǐngjiào	to consult

会话课文

马　丁：王丽，刚下班就换装了？一身运动服，准备去哪儿锻炼哪？

王　丽：约了几个朋友，去打保龄球。您有空儿吗？一起去吧。

马　丁：那你可要增加一个强硬的对手了。知道我的最高纪录吗？240分！成绩不错吧？

王　丽：我一般过不去200分，可是有一次运气不知怎么那么好，一下子打了242分。

马　丁：真的吗？那我小看你了。看来有时间真得跟你较量较量。你经常去打保龄球吗？

王　丽：一星期打两三次吧。一般是在周末上午去打。人不多，价钱也便宜。

马　丁：每次打几局？

王　丽：看情况吧，精神状态好的时候，就多打几局。

马　丁：这个周末我恰好有时间，我们球场上见？

王　丽：没问题，到时候还要向您多请教。

马　丁：你的水平比我高，我应该拜你为师。

语句理解与练习（4-1）

1. 我一般**过不去**200分。

   "过不去"在这里表示达不到、不能超过的意思。

   (1) 这孩子数学考试总过不去60分。

   (2) 敢和我比赛乒乓球吗？我让你过不去5。

   请你说说：

   你有没有多次参加某一项考试或者比赛，成绩总是过不去某一分数或者等级的尴尬（gāngà）？

2. 那我**小看**你了。

   "小看"的意思是不够重视、轻视。

   (1) 考70分？你太小看我了！告诉你，我考了95分。

   (2) 你别小看他，他个子不高，可是咱们学校篮球队的主力。

   请你回答：

   当别人小看你的时候，你会怎么做？

3. **看情况**吧。

   "看情况"表示根据不同情况采取不同的对策。

   (1) 甲：听说今天有雨，咱们还比赛不比赛了？

   　　乙：看情况，不下雨就比。

   (2) 甲：现在火车票很难买，要是买不到怎么办？

   　　乙：看情况吧，如果火车票买不到，就坐飞机去。

   用上"看情况"完成下面的对话：

   (1) 甲：要是考不上北京大学，你怎么办？

   　　乙：_____。

(2) 甲：要是她不接受你的求婚，你怎么办？

乙：_____。

(3) 甲：要是买不到你要的那种牌子的牙膏怎么办？

乙：_____。

4. 我应该**拜**你**为师**。

"拜……为师"表示认某人为老师或师傅。

(1) 我想拜您为师，跟您学习中国功夫。

(2) 他比我强多了，你还是拜他为师吧。

请你说说：

如果有可能，你最想拜谁为师，学习什么手艺？

练习

1. 根据实际情况回答下面的问题：

(1) 你喜欢打保龄球吗？你的最高纪录是多少分？

(2) 你喜欢哪些球类运动？

(3) 你参加过什么比赛？成绩如何？

2. 向你的朋友请教，然后向大家解释以下与保龄球有关的词语：

(1) 球瓶　　(2) 球道　　(3) 挡板　　(4) 失误

(5) 全中　　(6) 补中　　(7) 分瓶　　(8) 犯规

3. 用上下面的词语，写一段短文：

(1) 对手　　(2) 纪录　　(3) 运气　　(4) 锻炼

(5) 成绩　　(6) 较量　　(7) 状态　　(8) 水平

会话篇（二）

我想买一个家用跑步机

词语准备（4-2）

1	推荐	动	tuījiàn	to recommend
2	单	形	dān	one；single
3	目的	名	mùdì	purpose；intention
4	平地	名	píngdì	level ground
5	坡	名	pō	slope
6	丘陵	名	qiūlíng	hills
7	变速		biàn sù	speed change
8	显示	动	xiǎnshì	to show
9	记录	动、名	jìlù	to record；record
10	心率	名	xīnlǜ	heart rate
11	热量	名	rèliàng	quantity of heat
12	调整	动	tiáozhěng	to adjust
13	按摩	动	ànmó	to massage
14	按钮	名	ànniǔ	push button
15	播放	动	bōfàng	to broadcast
16	先进	形	xiānjìn	advanced
17	现代化	名	xiàndàihuà	modernization
18	枯燥	形	kūzào	boring
19	舒适	形	shūshì	comfortable

第四课　健身运动

会话课文

（在跑步机专卖店）

马　丁：你好！我想买一个家用跑步机，你能给我推荐一下吗？

售货员：当然可以。您需要单功能跑步机还是多功能跑步机？

马　丁：有什么不同？

售货员：单功能跑步机主要用于跑步，您可以根据您的锻炼目的，选择不同的跑步环境，如平地跑、上坡跑、丘陵跑、变速跑等等，跑步机上的电子显示屏幕可以记录您跑步时的速度、时间、心率、热量、距离等指标，使您随时了解自己的锻炼情况，进行有目的的调整。多功能跑步机除了跑步，还有按摩、仰卧起坐及哑铃锻炼功能。

马　丁：我就要单功能跑步机吧。你们可以送货上门吗？

售货员：没问题。您付款以后，可以打电话跟我们联系，我们随叫随到，保证按您的要求及时把货送到家。

马　丁：这几个按钮是干什么的？

售货员：这款跑步机有MP3播放功能，您可以一边听音乐，一边跑步。

马　丁：现在的健身器材真是越来越先进了。

售货员：您说的是。现代化的技术把枯燥的跑步运动变得舒适、方便，不受天气变化的影响，什么时候想跑就什么时候跑。

注释

1. 仰卧起坐　一种锻炼方法，人躺在平面上，上身坐起再躺下，反复进行。

2. 哑铃　一种体育锻炼的辅助器械，用木头或铁等制成，两头呈球形，中间较细，用手握住做各种动作。

3. 送货上门　把货物按购买者的要求直接送到指定地点。

4. MP3　一种常用的数字音频压缩格式，也指采用这种格式的音频文件及播放这种格式音频文件的袖珍电子产品。

语句理解与练习（4-2）

1. 单功能跑步机主要**用于**跑步。

   "用于"表示使用的场合、方面等等。

   （1）这句话一般只用于外交场合。

   （2）她每天课余的时间都用于整理资料了。

   查词典或问中国朋友，看看下面这些话一般用于什么场合：

   （1）哪里哪里。

   （2）不见不散。

   （3）酒逢知己千杯少。

   （4）恭敬不如从命。

2. 您**说的是**。

   "说的是"表示同意对方说的。

   （1）甲：要是再多一间房子该多好啊！

   　　乙：说的是啊，那样咱们就能把父母接来一起住了。

   （2）甲：我们不能通过一两次考试来判断一个学生的水平。

   　　乙：您这话说的是，还要看他平时的学习成绩。

   用"说的是"完成下面的对话：

   （1）甲：有钱也不能乱花呀！

   　　乙：_____。

   （2）甲：现在的孩子就知道玩儿电脑，不知道努力学习。

   　　乙：_____。

   （3）甲：出租车司机工作很辛苦，我们应该体谅他们。

   　　乙：_____。

   （4）甲：不吃早饭不是减肥的好办法。

   　　乙：_____。

3. **什么时候**想跑就**什么时候**跑。

这里的"什么时候"表示任指,前后句中的"什么时候"相互照应,多采用同一动词,后句多用"就"连接,表示前者决定后者。

(1) 我这几天都在家,你什么时候想来就什么时候来。

(2) 我从来不按时吃饭,什么时候饿了就什么时候吃。

用两个"什么时候"加上下面的词语,各写一个完整的句子:

(1) 去:＿＿＿＿＿＿＿＿＿＿＿＿＿＿＿＿＿＿＿＿＿＿＿＿＿＿＿＿＿＿＿。

(2) 起床:＿＿＿＿＿＿＿＿＿＿＿＿＿＿＿＿＿＿＿＿＿＿＿＿＿＿＿＿＿。

(3) 结婚:＿＿＿＿＿＿＿＿＿＿＿＿＿＿＿＿＿＿＿＿＿＿＿＿＿＿＿＿＿。

(4) 睡:＿＿＿＿＿＿＿＿＿＿＿＿＿＿＿＿＿＿＿＿＿＿＿＿＿＿＿＿＿＿。

(5) 锻炼:＿＿＿＿＿＿＿＿＿＿＿＿＿＿＿＿＿＿＿＿＿＿＿＿＿＿＿＿＿。

(6) 签约:＿＿＿＿＿＿＿＿＿＿＿＿＿＿＿＿＿＿＿＿＿＿＿＿＿＿＿＿＿。

练习

1. 写出下面词语的不同读音,然后各组一个词语:

(1) 率（　　）＿＿＿＿＿　　(2) 的（　　）＿＿＿＿＿
　　　（　　）＿＿＿＿＿　　　　　（　　）＿＿＿＿＿

(3) 调（　　）＿＿＿＿＿　　(4) 量（　　）＿＿＿＿＿
　　　（　　）＿＿＿＿＿　　　　　（　　）＿＿＿＿＿

2. 请你介绍:

你使用过哪一种健身器械(qìxiè),说说它的健身作用和健身效果。

3. 成段表达:

简单介绍跑步机的功能和作用。

阅读篇

健身是一种文化

词语准备（4-3）

1	对象	名	duìxiàng	target；object
2	俱乐部	名	jùlèbù	club
3	美容	动	měiróng	beauty treatment
4	休闲	动	xiūxián	to have leisure
5	教练	名	jiàoliàn	coach
6	器械	名	qìxiè	apparatus
7	操	名	cāo	physical exercise
8	训练	动	xùnliàn	to train
9	体魄	名	tǐpò	physique
10	丽人	名	lìrén	beauty
11	减肥		jiǎn féi	to lose weight；slim
12	场所	名	chǎngsuǒ	place（for an activity）
13	塑造	动	sùzào	to model
14	身材	名	shēncái	figure
15	活力	名	huólì	energy
16	充实	形	chōngshí	substantial；rich
17	解除	动	jiěchú	to relieve
18	压力	名	yālì	pressure
19	打破	动	dǎpò	to break
20	单纯	形	dānchún	merely

21	模式	名	móshì	pattern; model
22	推出	动	tuīchū	to come out with
23	消费	动	xiāofèi	to consume
24	理念	名	lǐniàn	idea
25	产业	名	chǎnyè	industrial
26	气象	名	qìxiàng	phenomenon（here）
27	追求	动	zhuīqiú	to pursue
28	时尚	名、形	shíshàng	fashion

阅读课文

在一些大中城市，随着白领人数的不断增加，以白领为主要服务对象的健身俱乐部也越来越多。许多健身俱乐部集健身、美容、休闲于一体。在这里，你可以在教练指导下使用各种健身器械锻炼身体；你也可以和朋友们一起跳健身操，打乒乓球、羽毛球、网球、壁球；你还可以参加跆拳道、瑜伽训练班，强健你的体魄。

除了到健身房健身，许多白领丽人还把这里看成是减肥的场所，希望在这里塑造美丽的身材，找回当年的活力与自信。

还有一些白领到这里来是把这里当做社交场所，充实自己的生活，解除工作给自己带来的压力，结交更多的朋友。

健身俱乐部打破过去单纯锻炼的健身模式，推出"健身是一种文化"的消费理念。健身已经成为一种极具特色的产业。它的出现给城市带来新的气象。

下班去健身房，已经成为很多白领追求的时尚。

注释

1. 白领 指从事脑力劳动的职员，如管理人员、技术人员、政府公务人员等等。

2. 乒乓球　table tennis，一种球类运动项目，双方在球台两端用球拍击球。也指乒乓球运动所使用的球。

3. 羽毛球　badminton，一种球类运动项目，双方各占球场一端，用球拍击打用羽毛制成的球。也指羽毛球运动所使用的球。

4. 网球　tennis，一种球类运动项目，双方各占球场一端，用球拍击打一种圆形带有弹性的球。也指网球运动所使用的球。

5. 壁球　squash，一种球类运动项目，也叫壁式网球，双方向墙壁上击球。也指壁球运动所使用的球。

6. 跆拳道　Taekwondo，体育运动项目之一，是原朝鲜半岛的民族传统武术。

7. 瑜伽　Yoga，印度的一种传统健身法，强调呼吸和静坐，以解除精神紧张，修身养性。也写做"瑜珈"。

语句理解与练习（4-3）

1. 以白领为主要服务对象的健身俱乐部也越来越多。

    "以……为……"表示"把……作为……"或者"认为……是……"。
    （1）去打工不是不可以，但是要以不影响学习为原则。
    （2）我们要以辛勤劳动为荣、以好逸恶劳（hào yì wù láo）为耻。

    查词典，了解下面词语的意思，然后谈谈对其中某一词语的看法：
    （1）以苦为乐
    （2）以邻为壑
    （3）以攻为守
    （4）以人为本

2. 许多健身俱乐部，集健身、美容、美体、休闲于一体。

    "集……于一体"表示把某些同类的事物聚集在一起。
    （1）这种市场集服装、百货、食品销售于一体，方便了住在周围的居民。
    （2）这座图书城集畅销书、古旧书籍、音像制品于一体，成为本市最大的图书市场。

📓 用"集……于一体"回答下面的问题：

（1）你准备开办一家公司，说说你在业务方面的打算。

（2）你要创建一座食品城，说说你准备怎么做。

3. 健身已经成为一种**极**具特色的产业。

副词"极"用在助动词或动词前面，表示非常高的程度。

（1）他这个人极敢冒险，哪里危险他去哪里。

（2）公司的体制改革极有成效。

📓 用下面的短语各说一句完整的句子：

（1）极能说明问题：_____。

（2）极不愿意：_____。

（3）极受感动：_____。

（4）极不希望这种情况发生：_____。

📖 练习

1. 根据课文内容填空：

（1）健身俱乐部一般以_____为主要服务对象。

（2）许多健身俱乐部集_____、_____、_____于一体。

（3）在健身俱乐部，你可以打_____球、_____球、_____球和_____球。

（4）除了到健身房健身，许多白领丽人还把这里当做_____的场所。

（5）健身俱乐部推出"健身是一种_____"的消费理念。

2. 用下面的动词造句：

（1）打破：_____。

（2）推出：_____。

（3）解除：_____。

(4) 训练：_____。

(5) 塑造：_____。

(6) 追求：_____。

3. 回答下面的问题：

(1) 你喜欢哪一种健身运动？说说你参加健身运动的经历。

(2) 你是否愿意花钱买健康？

综合练习

一、听录音，然后从 ABCD 四个选项中选择最恰当的答案：

1. 如果今天办游泳卡，平均每次游泳要花多少钱？

    A. 25 元   B. 15 元   C. 14 元   D. 20 元

2. 男士打保龄球的最高得分是多少？

    A. 100 分   B. 110 分   C. 220 分   D. 200 分

二、听录音，然后回答下面的问题：

1. 女士是谁？为了什么事情打电话？

2. 女士的电话号码是多少？

3. 男士对女士提出的问题打算如何解决？

三、组词：

1. 健（　　　）   2. 状（　　　）   3. 环（　　　）

   建（　　　）   壮（　　　）   坏（　　　）

4. 幕（　　　）   5. 练（　　　）   6. 休（　　　）

   慕（　　　）   炼（　　　）   体（　　　）

四、把你学过的有关词语填写在后面的空格内：

化	现代化				
服	运动服				
业	产业				

五、小演讲：

我是怎样保持身体健康的。

六、下面是有关健康的俗语，了解它们的意思并正确朗读：

1. 早吃好，午吃饱，晚吃少。
2. 饭后百步走，能活九十九。
3. 笑一笑，十年少；愁一愁，白了头。
4. 请人吃饭，不如请人流汗。
5. 食不言，睡不语。

七、阅读下面的短文，然后回答后面的问题：

　　成为白领一族是很多年轻人的梦想。梦想实现以后，才知道白领并不那么好当。工作繁忙不说，心理压力也很大，担心丢掉金饭碗，精神长期处于高度紧张状态，不时还要加班。此外，由于每天长时间坐在办公室里，空气不流通，这种种因素凑到一起，就变成"健康杀手"，给白领造成身体上的很大伤害。年轻时倚仗（yǐzhàng）身体强壮，还能在职场上拼搏，一旦步入中年，各种疾病就都来了。到那时，想做什么都力不从心，自己也无可奈何。

　　要改变这一现状，必须从年轻时就注重健康的问题，在电脑前坐一个小时要活动活动身体；每天出门，能走路尽量多走路；上下楼不坐电梯；晚上下班以后去健身房锻炼一下身体；周末多去郊游……只要你能坚持这样做下去，你的健康问题就会逐步解决。

　　要想保持身体健康，一定要在平时有一种锻炼意识，要懂得"身体是工作的本钱"这一最基本的道理，不要等到老了、病来了才想起锻炼，那时可就晚了。

问题：

1. 什么是"健康杀手"？
2. 要保持身体健康，平时要注意做什么？
3. 怎样理解"身体是工作的本钱"？

八、调查：

去一家健身器材专卖店，了解一种健身器的功能和作用，然后向大家汇报。

九、讨论：

1. 你对"健身是一种文化"的消费理念怎么看？
2. 工作第一还是健康第一？

十、写作：（400字）

我喜欢的一种健身运动。

附 录

警告常用语

1	别动！
2	小心汽车！
3	留神脚下！
4	注意安全！
5	当心受骗！
6	开车前千万不要喝酒！
7	危险！
8	请勿靠近！
9	运动员慎用！
10	少儿不宜！

第五课　家居生活

课前热身

1. 介绍你现在住的房屋。
2. 谈谈你每月用于水、电、煤气等方面的费用。

课文

会话篇（一）

您该买电了

词语准备 (5-1)

1	闪	动	shǎn	to sparkle
2	现象	名	xiànxiàng	phenomenon；appearance（of things）
3	电量	名	diànliàng	electric quantity
4	不足	动	bùzú	not enough；insufficient
5	度	名	dù	degree as a unit of measure
6	电表	名	diànbiǎo	kilowatt-hour meter
7	剩余	动	shèngyú	surplus；remainder

8	尽快	副	jǐnkuài	as quickly as possible
9	入住	动	rùzhù	to be opened for occupancy
10	在意	动	zàiyì	(usu. use in the negative) to pay attention to; to care about
11	随手	副	suíshǒu	casually
12	抽屉	名	chōuti	drawer
13	插入	动	chārù	to plug in
14	输入	动	shūrù	to input
15	断电		duàn diàn	to power cut; blackout

会话课文

马　丁：王丽，有件事想请教你，最近两天，我家电表上的数字一闪一闪的，这种现象过去可没有过。

王　丽：一闪一闪？……哦！那是您家的电快用完了。当您家的电量不足50度时，电表就显示出剩余的电数，提醒您尽快买电。

马　丁：到哪儿去买电？

王　丽：刚入住的时候，房东给过您一张用来买电的IC卡吧？

马　丁：好像有这么回事。当时房东跟我说过买电的事，我也没在意，就随手放在抽屉里了。

王　丽：您把那张IC卡找出来，到银行去买电。回来后，把IC卡插入您家的电表中，您买的电就输入您的电表里了，电表会显示您输入电表中的电量。

马　丁：一次买多少电合适？

王　丽：500度、1000度都可以。我建议您一次多买点儿，省得一次次买麻烦。

马　丁：我明白了，谢谢你呀！

王　丽：您可得抓紧时间去买，千万别忘了，别等哪天您家突然断电了，您再到处去找银行买电。

马　丁：放心吧，这么重要的事情，我会放在心上的。

注释

IC 卡　Integrated Circuit，集成电路卡，可以储存和处理数据。

语句理解与练习（5-1）

1. 好像**有这么回事**。

    "有这么回事"表示确认事情的存在。

    （1）甲：经理那天是不是说过给每个人加班费？

    　　乙：我证明，有这么回事。

    （2）甲：你答应孩子如果考100分就给他买个笔记本电脑吧？

    　　乙：是有这么回事。可他才考了99分哪！

    二人一组，用上"有这么回事"对话。

2. 我建议您一次多买点儿，**省得**一次次买麻烦。

    "省得"是连词，一般用在复句的后半句，表示不使发生某种（不好的）情况。

    （1）旅行时多带点儿钱，省得没钱时着急。

    （2）你这几天就住在我这儿吧，省得每天来回跑。

    用"省得"完成下面的句子：

    （1）你出国的时候，多带点儿衣服吧，省得_____。

    （2）多买点儿菜回来，省得_____。

    （3）咱们还是在学校食堂吃吧，省得_____。

    （4）你们还是和父母分开住吧，省得_____。

3. 这么重要的事情，我会把它放在心上的。

"放在心上"表示记住。

(1) 你托我办的事，我会放在心上的。

(2) 孩子的学习你要经常过问一下，别不放在心上。

请你说说：

在你的生活中，哪些事情对你来说十分重要，你会把它放在心上？

练习

1. 组词：

(1) 电_____   电_____   电_____

(2) _____电   _____电   _____电

2. 回答下面的问题：

(1) 在你现在居住的地方，怎样交纳水电费？

(2) 在你们国家，怎样解决水电的费用问题？

3. 请你说说：

介绍一种 IC 卡的用途和使用方法。

会话篇（二）

我马上找人来修

词语准备（5-2）

1	修	动	xiū	to repair
2	好久		hǎo jiǔ	long time

3	旅游团	名	lǚyóutuán	tourist group
4	看望	动	kànwàng	to visit；to call on
5	生	形	shēng	strange；unfamiliar
6	稍稍	副	shāoshāo	a little；a bit
7	适应	动	shìyìng	to adapt（oneself）to
8	维修	动	wéixiū	to repair；to fix
9	暖气	名	nuǎnqì	heating
10	马桶	名	mǎtǒng	closestool
11	漏	动	lòu	to ooze；to seep
12	差点儿	副	chàdiǎnr	almost；nearly
13	包	动	bāo	to make；to wrap
14	西葫芦	名	xīhúlu	pumpkin；summer squash
15	馅儿	名	xiànr	stuffing；filling

会话课文

女房东：您好哇，马丁先生。

马　丁：哟！是您哪，张女士。您可好久没到我这儿来了。

女房东：我最近参加了一个旅游团，到新马泰转了一圈儿，刚回来。

马　丁：难怪一直没看见您呢。您今天来是……

女房东：我是特意来看望您的。您从那么远的地方来，人生地不熟的。多不容易呀！在这儿生活还习惯吧？

马　丁：刚开始的时候稍稍有些不适应，不过一天比一天习惯了。

女房东：房子怎么样？有什么需要维修的吗？

马　丁：房子住得挺舒服的，维修……帮我看看暖气吧，我觉得暖气不够热，还有，卫生间的马桶有点儿漏水。

女房东：这好办，我马上找人来修。您看还有什么需要我办的事？要是没别的事，我就……哦！差点儿忘了，给！我自己包的饺子，西葫芦馅儿的，您尝尝。

马　丁：您太客气了。

注释

新马泰　新加坡、马来西亚、泰国三个国家合在一起的简称。

语句理解与练习（5-2）

1. 到<u>新马泰</u>转了一圈儿。

   "转一圈儿"表示到某处走走或者逛逛。

   （1）今天没事，我去市中心转了一圈儿，买了些东西回来。

   （2）我们打算暑假的时候去南方转一圈儿。

   请你回答：

   如果你现在有时间也有钱，你打算去哪里转一圈儿？

2. <u>难怪</u>一直没看见您呢。

   "难怪"表示明白了原因，对某种情况不再感到奇怪。

   （1）难怪今天这么冷呢，原来下雪了。

   （2）甲：他在中国学了四年汉语。

   　　乙：难怪他的汉语说得这么好。

   用"难怪"完成下面的对话：

   （1）甲：小王的妈妈住院了。

   　　乙：_____。

   （2）甲：他和他的女朋友分手了。

   　　乙：_____。

(3) 甲：这件衣服是在小摊儿上买的。

　　　乙：_____。

(4) 甲：他每天晚上都去喝啤酒。

　　　乙：_____。

(5) 甲：我每天吃得很多。

　　　乙：_____。

3. 不过一天比一天习惯了。

"一（量词）＋比＋一（量词）"用于比较句，指程度逐渐加深。

(1) 我们的生活一年比一年好。

(2) 这里的姑娘，一个比一个漂亮。

✎ 用下面的词语各说一句完整的话：

(1) 一次比一次：_____。

(2) 一年比一年：_____。

(3) 一天比一天：_____。

(4) 一个比一个：_____。

4. 您太客气了。

"您太客气了"是客气话，用于对方送礼或表示感谢时向对方说的话。

(1) 甲：这是我的一点儿心意，请您收下。

　　　乙：您太客气了。

(2) 甲：你帮了我的大忙，我真不知道该怎么感谢你。

　　　乙：您太客气了。

✎ 说出"您太客气了"的几个使用情景。

> 练习

1. 课文中所说的"新马泰"是新加坡、马来西亚、泰国三个国家合在一起的简称,请说出下面词语中带点的汉字指的是哪些洲、国家、地区或城市:

(1) 港澳台　　(2) 欧美国家　　(3) 上有天堂,下有苏杭
(4) 英法联军　(5) 江浙一带　　(6) 京津塘高速公路

2. 请你说说:

(1) 你租住的房屋是否出现过水、电、煤气、暖气等方面的问题?你是怎么处理的?

(2) 你是否适应了在中国的生活?还有哪些地方不适应?

3. 请你回答:

你吃过饺子吗?吃过什么馅儿的?味道怎么样?

阅读篇

安全须知

词语准备(5-3)

1	须知	名	xūzhī	points for attention;notice
2	天然气	名	tiānránqì	natural gas
3	管理	动	guǎnlǐ	to take care of;to manage
4	不当	形	búdàng	improper
5	因此	连	yīncǐ	therefore
6	住户	名	zhùhù	household
7	以下	名	yǐxià	the following
8	设备	名	shèbèi	appliances;equipment
9	通风			tōng fēng	ventilate

10	热水器	名	rèshuǐqì	water heater
11	雇请	动	gùqǐng	to hire; to employ
12	专业	名、形	zhuānyè	professional; specialty
13	人员	名	rényuán	personnel; staff
14	随意	形	suíyì	freely; at will
15	管线	名	guǎnxiàn	pipes and power lines
16	更改	动	gēnggǎi	to change
17	报告	名、动	bàogào	report; to make known
18	外出	动	wàichū	to be not in; to be not at home
19	电源	名	diànyuán	power supply
20	电流	名	diànliú	electric current
21	烧	动	shāo	to burn down
22	开关	名	kāiguān	switch button
23	其他	代	qítā	other
24	突发	动	tūfā	to erupt; to happen unexpectedly
25	紧急	形	jǐnjí	urgent; critical

阅读课文

在城市生活中，很难想象离开了水、电和天然气，人们该如何生存。水、电和天然气给我们的生活带来方便，可如果使用、管理不当，也会给人们的生活带来危险。因此，我们提醒小区住户注意以下几点：

1. 在使用天然气时，要使天然气设备安装处有良好的通风条件。

2. 安装天然气热水器应该雇请专业人员完成。

3. 请不要随意改变小区内水、电、天然气的管线，如果需要更改，请报告小区管理中心，并雇请专业人员安装、更改。

4. 外出时，请关好水、电、天然气，以免发生意外。

5. 如果遇到临时停电，请把电器的电源断开，以免突然送电时电流过大，烧坏电器。

> 6. 如果发生突然断电，可以先检查漏电保护开关，如果找不出原因，请通知管理中心维修。
>
> 7. 遇到其他突发紧急情况，请在第一时间拨打小区维修电话。

语句理解与练习（5-3）

1. **很难想象**离开了水、电和天然气，人们该如何生存。

"很难想象……"在这里指根据人们的想象，某种事情的存在或发生让人吃惊，或者是根本不可能存在或发生的。也说"难以想象"。

(1) 很难想象他能在距离老虎只有几米的距离给老虎拍了那么多的照片。

(2) 这么小的一个手机里面有那么多的功能，真是难以想象啊！

✎ 用"很难想象"或"难以想象"说说：

(1) 你认为不可能发生的一件事；

(2) 让你感到吃惊的一件事。

2. 外出时，请关好水、电、天然气，**以免**发生意外。

"以免"是连词，表示避免发生某种不希望发生的情况，多用于书面语。

(1) 你们应该好好总结这次的教训，以免再犯类似的错误。

(2) 最近少带孩子去公共场所，以免受流行性感冒的传染。

✎ 完成下面的句子：

(1) 到那里后要经常跟家里联系，以免_____。

(2) 机场要安检，你们早点儿到机场，以免_____。

(3) 电脑要及时更新杀毒软件，以免_____。

(4) 请你把事情的经过讲清楚，以免_____。

3. 请在**第一时间**拨打小区维修电话。

"第一时间"指距事情发生后最近的时间。

(1) 地震发生后,各地的消防队第一时间赶往灾区。

(2) 本台在奥运会期间,将在第一时间传递奥运会比赛消息。

把下面的短语扩展成完整的句子:

(1) 第一时间公布＿＿＿＿＿＿＿＿＿＿＿＿＿＿＿＿＿＿＿＿＿＿＿。

(2) 第一时间拍摄＿＿＿＿＿＿＿＿＿＿＿＿＿＿＿＿＿＿＿＿＿＿＿。

(3) 第一时间发布＿＿＿＿＿＿＿＿＿＿＿＿＿＿＿＿＿＿＿＿＿＿＿。

(4) 第一时间播出＿＿＿＿＿＿＿＿＿＿＿＿＿＿＿＿＿＿＿＿＿＿＿。

报修常用语

1	报修者:我家突然停电了,不知什么原因。 维修中心:请不要乱动电闸(zhá)和电器开关,我们的维修人员马上就到。
2	报修者:我家的水管儿裂了,请快来抢修。 维修中心:知道水管儿的总开关在哪儿吗?请先把总开关关上。
3	报修者:我家有很大的煤气味,不知哪里漏气。 维修中心:赶快把门窗打开,把煤气开关关上。
4	报修者:我家的暖气跑水了,把地板都淹了。 维修中心:请把暖气片旁边水管上的开关关上。
5	报修者:我住的房子漏雨了。 维修中心:看看房顶有没有裂缝,如果觉得有危险请暂时离开房屋。

练习

1. 根据课文内容判断正误:

(1) 一定不要改变小区内的水、电、天然气的管线。(　　)

(2) 安装热水器要请专业人员。(　　)

(3) 遇到临时停电,请立刻通知管理中心维修。(　　)

(4) 发生突然断电,先检查漏电保护开关。(　　)

2. 打电话表演：

二人一组，模仿报修者向维修中心值班员电话报修。

3. 请你谈谈：

（1）在你们国家，发生水、电、天然气等方面的问题，该怎么办？

（2）某住户不在家，他家水管儿漏水，该怎么办？

综合练习

一、听录音，然后从 ABCD 四个选项中选择最恰当的答案：

1. 如果今天就买，写字台的最低价格是多少？

   A. 2000 元　　　B. 1600 元　　　C. 300 元　　　D. 1300 元

2. 关于智能手机，下面哪个特点是介绍材料中没有提到的？

   A. 接听和拨打电话　　　　B. 收发短信

   C. 浏览网页　　　　　　　D. 收看电视

二、听录音，边听边在表格的相应位置填写数字或汉字：

项目	表底	实数	实用	单价	小计
水费				每吨：　元	元
有线电视费					元
公用电灯费					元
卫生费					元
治安费					元
总计					元
收费员					
收费日期				2012 年　　月　　日	

三、"开关"是由"开"和"关"这一对反义词构成的词语，请从你学过的词语中找出类似的词语：

1.（　　　）　　2.（　　　）　　3.（　　　）
4.（　　　）　　5.（　　　）　　6.（　　　）

四、选词填空：

> 稍稍　　差点儿　　难怪　　尽快　　随手

1. 他是新来的留学生，（　　）大家不认识他。
2. 请（　　）把这份文件打印出来。
3. 下雨地滑，我（　　）摔了个跟头。
4. 你穿这件衣服很合适，就是（　　）长了点儿。
5. 他出门的时候，（　　）把门锁上了，我出不去了。

五、讨论：

遇到下面的紧急情况，你该怎么办？

1. 你的房间突然着火了；
2. 你正在睡觉，忽然发生了强烈的地震；
3. 你夜里醒来，发现房间里进来一个小偷；
4. 你的同屋突然得了急病。

六、辩论：

遇到紧急情况，你是先逃命还是先救人？

七、阅读下面的短文，谈谈自己对这一社会现象的看法：

　　由于大城市房价的提高，年轻人靠自己的能力买房基本上可以说是一种幻想，甚至独自租一套房子都是一种奢求（shēqiú），于是许多年轻人不得不采取合租的方式解决住房的问题。

　　合租有单间合租与床位合租两种。单间合租指的是几个人或几个家庭租住在一套公寓里，每个人或每个家庭有独立的房间，客厅、厨房与卫生间大家共用。由于人们思想观念的日益开放，异性合租在大城市里也流行开来，在都市报纸、房产类网站甚至一些大学校园，都可以看到"异性合租"的广告。有的租房信息中明确指定要异性合租，似乎来自异性间的互相吸引。

床位合租是指几个人租住同一个房间，类似大学生宿舍，这种合租费用较低，因此很受刚刚走上工作岗位或者外地到大城市打工的年轻人的欢迎。年轻人合租一室目前很流行，既省钱又不寂寞。

合租尤其是异性合租也产生一些新的问题，一是经济方面的纠纷，比如水、电、煤气的使用量；二是公共设施的使用时间与清洁；三是租房者相互间的人际关系。这些方面如果不能处理好，会产生很多问题。

八、调查：

到你居住的宿舍区或小区，了解那里对出现火灾、水灾、地震、抢劫等天灾人祸的应急措施，然后向大家汇报。

九、交流：

1. 介绍你们国家对天灾人祸的应对措施。
2. 介绍你们国家的住房管理制度。

十、写作：（400字）

我（或我朋友）的一次遇险经历。

呼救常用语

1	救命啊！
2	救救我！
3	着火了！
4	快来人哪！

5	抓住他！他是小偷！
6	有人掉到水里了！
7	撞车了！快救人！
8	赶快打110！
9	出人命啦！快叫警察！
10	他受伤了，快叫救护车！

第六课　酒与文化

课前热身

1. 你喜欢喝酒吗？喜欢喝什么酒？
2. 你常去酒吧吗？常去哪一家酒吧？

课　文

会话篇（一）

啤酒节

词语准备（6-1）

1	中心	名	zhōngxīn	centre
2	开幕式	名	kāimùshì	opening ceremony
3	大型	形	dàxíng	large-scale
4	幸亏	副	xìngkuī	fortunately
5	错过	动	cuòguò	to miss
6	可惜	形	kěxī	unfortunately；it's a pity
7	自由	形、名	zìyóu	free

8	获得	动	huòdé	to gain; to get
9	丰富	形	fēngfù	rich; plentiful
10	问答	名	wèndá	questions and answers
11	丰厚	形	fēnghòu	generous
12	奖品	名	jiǎngpǐn	prize; award
13	了如指掌		liǎo rú zhǐ zhǎng	to be thoroughly familiar
14	奖	名	jiǎng	prize
15	美好	形	měihǎo	bright; pleasant
16	回忆	名、动	huíyì	memory; to recall

会话课文

马　丁：今天街上挺热闹的，有什么活动吗？

王　丽：哦！忘了告诉您，最近几天我们这里要举办一个啤酒节，今天是第一天，在中心公园举行开幕式，有大型的啤酒晚会。

马　丁：幸亏你告诉我，要不错过了这么有意义的活动多可惜呀！

王　丽：听说那里还有喝啤酒的比赛，可以自由参加，获得第一名的可以得到一辆轿车。

马　丁：那这轿车肯定是我的了。你还不知道吧，这种比赛我在我们国家参加过，有丰富的比赛经验。

王　丽：晚会上还有啤酒知识问答，答对了有丰厚的奖品。

马　丁：那我更要参加了，我对啤酒的历史呀、种类呀，可以说是了如指掌。

王　丽：那您真得去看看。这样吧，我把家里的事情安排一下，晚上陪您去吧。

马　丁：真的吗？太好了！要是我得奖了，一定送给你。

王　丽：希望啤酒节能给您留下美好的回忆。

语句理解与练习 (6-1)

1. **幸亏**你告诉我。

    "幸亏",指由于某种有利条件而避免了不良后果。
    (1) 我们幸亏遇到一位当地人,才走出了大森林。
    (2) 幸亏你提醒我,不然我今天就误课了。

    用"幸亏"完成下面的句子:

    (1) 幸亏带了雨伞,_____。
    (2) 这病幸亏发现得早,_____。
    (3) 幸亏没有在那家饭馆儿吃饭,_____。
    (4) 幸亏我跑得快,_____。

2. 那这轿车**肯定**是我的了。

    "肯定"在这里是副词,表示毫无疑问,一定。
    (1) 你不用问,他肯定同意。
    (2) 别等了,小王肯定不来了。

    用"肯定"完成下面的句子:

    (1) 天阴得这么厉害,肯定_____。
    (2) 你要是骑自行车去,肯定_____。
    (3) 你要是不好好复习,肯定_____。
    (4) 他们的足球队很强,肯定_____。
    (5) 要是和他结婚,肯定_____。

3. **你还不知道吧**,这种比赛我在我们国家参加过。

    "你还不知道吧"是插入语,用于讲述自己清楚而对方不知道的事情。
    (1) 甲:好久没看见他的儿子了。
        乙:你还不知道吧,他儿子上了美国的名牌大学了。

(2) 甲：她怎么哭了？

乙：你还不知道吧，她的丈夫出了交通事故，现在在医院抢救。

用"你还不知道吧"回答下面的问题：

(1) 他的女朋友好长时间没来了。

(2) 最近怎么没见到张老师？

(3) 那家歌厅为什么关门了？

练习

1. 给下面的形容词搭配适当的词语：

丰厚（　　　　　）　　　自由（　　　　　）

丰富（　　　　　）　　　美好（　　　　　）

大型（　　　　　）　　　可惜（　　　　　）

2. 如果你们公司让你主持一个啤酒节，你将准备哪些活动？

3. 请你说说：

(1) 在你们国家有没有类似啤酒节这样的节日？

(2) 如果有可能，除了传统节日，你希望增加哪些节日？

会话篇（二）

跟我们去"海上酒吧"吧

词语准备（6-2）

1	翻滚	动	fāngǔn	(of waves, water etc.) to seethe
2	海浪	名	hǎilàng	sea wave
3	波涛	名	bōtāo	billows

4	吼	动	hǒu	to howl
5	座椅	名	zuòyǐ	seat
6	摇动	动	yáodòng	to sway; to shake
7	情不自禁		qíng bú zì jīn	cannot contain one's feelings
8	体验	动	tǐyàn	to experience
9	冒昧	形	màomèi	to make bold (self-depreciatory)
10	不周	形	bùzhōu	inattentive; thoughtless
11	思	动	sī	to miss
12	乡	名	xiāng	hometown
13	情绪	名	qíngxù	feeling; moodiness
14	故乡	名	gùxiāng	hometown
15	不过	连	búguò	but; however
16	首	量	shǒu	(measure word)
17	氛围	名	fēnwéi	atmosphere
18	加班		jiā bān	to work overtime

会话课文

王　丽：时间过得真快，转眼又到周末了，您有什么安排吗？

马　丁：当然是和朋友去酒吧街喝酒了。在这里，除了办公室，我还有两个家，一个是我现在租的房子，一个就是我最喜欢的酒吧——"海上酒吧"。

王　丽：酒吧街上有那么多酒吧，为什么您每次都去那家酒吧呢？

马　丁：因为我从小在海边长大，"海上酒吧"布置得就像是在海上，在酒吧的大屏幕上你可以看到翻滚的海浪，听到波涛的吼声，座椅也是可以摇动的。啊！那种感觉真像是在海上，让我情不自禁想起我的家乡。

王　丽：我还真不知道有这样一家酒吧，有时间一定去体验一下。马丁先生，冒昧问一下，是不是我们对您照顾不周，让您想家……

马　丁：不不不！你千万别多想。你们对我的照顾非常周到，只是……出门在外的人嘛，总是会有一点儿思乡情绪的。

王　丽：其实我的故乡也在海边，不过我是在这里长大的，到现在还没回去过，总想找机会回故乡去看看，可是就像一首歌里唱的，过去想去没有钱，现在想去没时间。

马　丁：那就跟我们去"海上酒吧"吧，感受一下回故乡的氛围。要不今天就……

王　丽：改日吧，今天工作多，我得加班。

语句理解与练习（6-2）

1. **转眼**又到周末了。

    "转眼"表示极短的时间。也说"一转眼"或"转眼间"。

    （1）北京的春天时间很短，转眼就是夏天了。

    （2）刚才他还在这儿，怎么一转眼就不见了？

    下面的词语都表示时间很短，查词典，了解这些词语的意思并学会使用这些词语：

    （1）一眨眼

    （2）一刹那（刹那间）

    （3）顷刻间

    （4）瞬间（一瞬间）

    （5）一霎（霎时、霎时间）

2. **冒昧**问一下。

    "冒昧"是谦辞，表示自己也许不该这么做或者自己的言行不顾场合、地位是否适宜。

    （1）这事我非常着急，就直接给您打电话了，实在是太冒昧了。

(2) 冒昧问一下，您是最近热播的电视剧里的演员吗？

了解下面带有"冒昧"的词语的意思及使用情景：

(1) 太冒昧了

(2) 冒昧得很

(3) 恕（shù）我冒昧

(4) 请原谅我的冒昧

3. 改日吧，今天工作多，我得加班。

"改日"表示"今天不行，以后的某一天再说"。也说"改天"。

(1) 谢谢您的邀请，改日一定登门拜访。

(2) 今天工作实在忙，离不开，以后见面时间多着呢，改天吧。

用上"改日"完成下面的小对话：

甲请乙去吃饭，乙不想去，谢绝甲的邀请。

练习

1. 根据课文内容回答下面的问题：

(1) 马丁为什么常去"海上酒吧"？

(2) "海上酒吧"有什么特色？

(3) 为什么王丽感到对马丁照顾不周？

2. 请你说说：

介绍一家你认为很有特色的酒吧。

3. 你的故乡在哪里？谈谈你对故乡的印象。

阅读篇

中国的酒文化

词语准备（6-3）

1	人类	名	rénlèi	humanity；human race
2	饮料	名	yǐnliào	beverage；drink
3	酿造	动	niàngzào	to distil（alcoholic drink）；to make
4	饮食	名	yǐnshí	food and drink；diet
5	产物	名	chǎnwù	product
6	仅仅	副	jǐnjǐn	only；merely
7	增添	动	zēngtiān	to add；to increase
8	治	动	zhì	to treat；to cure
9	养生	动	yǎngshēng	to keep in good health；to preserve one's health
10	忧	名	yōu	anxiety；concern
11	壮胆		zhuàng dǎn	to embolden；to boost sb.'s courage
12	愉悦	形	yúyuè	joyful；cheerful
13	至	动	zhì	to；until
14	文人	名	wénrén	man of letters
15	墨客	名	mòkè	literary person
16	不解之缘		bù jiě zhī yuán	indissoluble bond
17	作品	名	zuòpǐn	works（of art and literature）
18	创作	名、动	chuàngzuò	creation；to create
19	饮	动	yǐn	to drink
20	本身	代	běnshēn	in oneself

21	题材	名	tícái	theme; subject matter
22	丰富多彩		fēngfù duōcǎi	colorful; varied
23	文明	名、形	wénmíng	civilization; culture
24	烹饪	动	pēngrèn	cuisine; to cook
25	保健	动	bǎojiàn	health care

阅读课文

酒是人类生活中一种主要的饮料，早在几千年以前，它就被当时的人们酿造出来，摆在饭桌上。最早酿造的酒是黄酒，随着酿造技术的发展，白酒又出现在人们的生活中。现在，酒的种类可以说是多种多样，成为饮食文化的一个重要组成部分。

中国是酒的故乡，在甲骨文中，就出现了"酒"这个汉字。酒是一种文化产物，它不仅仅是饭桌上的一种饮料，在人们的生活中还有多种作用，有些是它的酿造者都没有想到的。酒可以增添饭桌上的气氛，可以治病和养生，可以作为送人的礼物，说句开玩笑的话，酒还使人忘忧，给人壮胆。

酒之所以被称为一种文化产物，和它给人们带来的精神愉悦是分不开的。从古至今，多少文人墨客的生活都和酒有着不解之缘。他们留给后人的作品，很多是酒后创作的。而饮酒本身，也往往成为创作的题材。

我们可以说，自从有了酒，人们的生活就变得丰富多彩了。在中国几千年的文明史中，无论是在饮食烹饪、养生保健方面还是在文学艺术创作方面，酒都起到了重要的作用。

注释

甲骨文 中国古代刻在龟甲和兽骨上的文字，是现代汉字的前身。

第六课　酒与文化

语句理解与练习（6-3）

1. **随着**酿造技术的发展，白酒又出现在人们的生活中。

这里的"随着"是介词，常与宾语搭配作状语，表示产生某种结果伴随的条件。

(1) 随着社会经济的发展，人们的生活水平有了很大的提高。
(2) 随着银行理财业务的开展，到银行办理理财业务的人越来越多。

完成下面的句子：

(1) 随着暑假的来临，＿＿＿＿＿＿＿＿＿＿＿＿＿＿＿＿＿＿＿＿。
(2) 随着旅游业务的开展，＿＿＿＿＿＿＿＿＿＿＿＿＿＿＿＿＿＿＿。
(3) 随着对外汉语教育事业的不断发展，＿＿＿＿＿＿＿＿＿＿＿＿。
(4) 随着科学技术的不断进步，＿＿＿＿＿＿＿＿＿＿＿＿＿＿＿＿。

2. 酒**之所以**被称为一种文化产物，和它给人们带来的精神愉悦是分不开的。

"之所以"是连词，在因果关系句中先说出结果或结论，然后突出强调原因或理由。"之所以"常常和"是因为"搭配使用；"之"字有时可以省略。

(1) 这部电影之所以吸引观众，是因为影片反映的是普通人的现实生活。
(2) 我之所以没有告诉她，是怕她经受不了这样的打击。

完成下面的句子：

(1) 他之所以辞职，＿＿＿＿＿＿＿＿＿＿＿＿＿＿＿＿＿＿＿＿＿＿。
(2) 我之所以不去那家商店买东西，＿＿＿＿＿＿＿＿＿＿＿＿＿＿。
(3) 他们之所以离婚，＿＿＿＿＿＿＿＿＿＿＿＿＿＿＿＿＿＿＿＿。
(4) 我之所以想到外面去租房，＿＿＿＿＿＿＿＿＿＿＿＿＿＿＿＿。

3. 酒之所以被称为一种文化产物，**和**它给人们带来的精神愉悦是**分不开**的。

"和……分不开"表示二者的关系紧密，后者对前者有着重要影响。

(1) 我的汉语水平的提高，和老师的认真教学是分不开的。

(2) 他有这么强壮的身体,和他年轻时参加足球俱乐部是分不开的。

用"和……分不开"谈谈生活中对你影响极大的事情。

练习

1. 用下面句子中画线的词语回答问题:

(1) 介绍你喜欢喝的一种<u>饮料</u>。

(2) 你吃过什么<u>保健</u>食品?

(3) 介绍一位老人的<u>养生</u>之道。

(4) 你喜欢看什么<u>题材</u>的小说?

2. 下面是与喝酒有关的一些话,向你的中国朋友了解这些话的含义,并谈谈你对其中某一句话的感受:

(1) 无酒不成席。

(2) 烟酒不分家。

(3) 酒逢知己千杯少。

(4) 感情深,一口闷。

(5) 劲酒虽好,可不要贪杯。

(6) 今朝有酒今朝醉。

3. 为什么人们把酒看做是一种文化的产物?谈谈你的看法。

综合练习

一、听录音,然后从 ABCD 四个选项中选择最恰当的答案:

1. 男士今天只能喝什么饮料?

　　A. 可口可乐　　B. 雪碧　　C. 无糖酸奶　　D. 啤酒

2. 这家商店所送白酒是以顾客购物款的百分之几赠送？

　　A. 5％　　　　　B. 10％　　　　　C. 7.5％　　　　　D. 50％

二、听录音，然后从ABCD四个选项中选择最恰当的答案：

1. 世界三大古酒是：

　　A. 啤酒、白酒、黄酒　　　　　B. 啤酒、葡萄酒、黄酒

　　C. 葡萄酒、白酒、黄酒　　　　D. 葡萄酒、白酒、啤酒

2. 录音提到的四种酒，历史最短的可能是：

　　A. 啤酒　　　　B. 白酒　　　　C. 葡萄酒　　　　D. 黄酒

3. 中国白酒中的四大名酒是：

　　A. 茅台酒、汾酒、加饭酒、泸州老窖特曲酒

　　B. 汾酒、泸州老窖特曲酒、西凤酒、茅台酒

　　C. 泸州老窖特曲酒、汾酒、加饭酒、西凤酒

　　D. 加饭酒、茅台酒、西凤酒、泸州老窖特曲酒

三、下面的词语在不同的使用情境中有不同的词性，写出它们的不同词性并各造一个句子：

序号	词语	词性	句子
1	自由		
2	回忆		
3	创作		
4	文明		

四、查词典或请教朋友，了解下列词语的意思：

1. 灯红酒绿——

2. 酒肉朋友——

3. 酒囊饭袋——

4. 花天酒地——

5. 美酒佳肴——

6. 酒色之徒——

7. 不胜酒力——

8. 醉翁之意不在酒——

五、小演讲：

假如我开一家酒吧。

六、辩论：

喝酒的好处多还是坏处多？

七、下面是中国唐代诗人和饮酒有关的诗句，了解这些诗句的意思，并正确朗读：

1. 王维

渭城朝雨浥（yì）轻尘，客舍青青柳色新。劝君更尽一杯酒，西出阳关无故人。

2. 王翰

葡萄美酒夜光杯，欲饮琵琶马上催。醉卧沙场君莫笑，古来征战几人回？

3. 李白

人生得意须尽欢，莫使金樽（zūn）空对月。天生我才必有用，千金散尽还复来。

……

钟鼓馔（zhuàn）玉不足贵，但愿长醉不复醒。古来圣贤皆寂寞，惟有饮者留其名。

……

4. 白居易

绿蚁新醅（pēi）酒，红泥小火炉。晚来天欲雪，能饮一杯无？

5. 杜牧

清明时节雨纷纷，路上行人欲断魂。借问酒家何处有，牧童遥指杏花村。

八、调查：

设计一份调查表，调查30岁以下的10位年轻人，看看他们对酒文化的认识。

九、交流：

1. 说说你知道的关于酒的知识（历史、种类等）。

2. 介绍你们国家的名酒。

十、写作：（500字）

我对酒文化的认识。

附 录

称赞常用语

1	你真棒！
2	她很漂亮！
3	真了不起！
4	你太迷人了！
5	这儿的风景真美！
6	你是我们公司最优秀的职工。
7	你的汉语发音很标准。
8	很好吃！（好喝、好听、好闻、好看、好用）
9	他打球真厉害！
10	这里美得无法形容！

第七课　医疗保健

课前热身

1. 你去过中国的医院吗？
2. 你每年去医院检查身体吗？

课文

会话篇（一）

要不要给您叫一辆救护车？

词语准备（7-1）

1	救护车	名	jiùhùchē	ambulance
2	打扰	动	dǎrǎo	（gentle words）to give trouble to
3	胃	名	wèi	stomach
4	阵	量	zhèn	（measure word）
5	本来	副	běnlái	originally；at first
6	忍	动	rěn	to bear
7	考虑	动	kǎolǜ	to think over；to consider
8	夜市	名	yèshì	night market；night fair

9	街头	名	jiētóu	street; street corner
10	小吃	名	xiǎochī	snacks
11	哎哟	叹	āiyō	(interjection)
12	打（车）	动	dǎ（chē）	to take（a taxi）
13	住处	名	zhùchù	residence
14	着凉		zháo liáng	to catch cold; to catch a chill
15	病情	名	bìngqíng	state of one's illness
16	受累		shòu lèi	to suffer the fatigue

会话课文

马　丁：（给王丽打电话）王丽，真不好意思，这么晚了还打扰你，我的胃突然疼起来了，一阵一阵地疼。本来我想忍一忍，到天亮再去医院，可是我现在感觉忍不下去了。我想自己去医院，可是我怕我对大夫说不清楚，万一大夫误会了可不是小事。考虑再三，还是想让你带我去，必要时你可以帮我翻译一下。

王　丽：您是什么时候开始胃疼的？今天晚上吃什么了？

马　丁：晚上和朋友去夜市吃了一些街头小吃，回来就觉得不舒服了。哎哟！又疼起来了。

王　丽：别着急，我这就打车过去，大概十五分钟左右能到您的住处。您看要不要给您叫一辆救护车？

马　丁：我觉得不用，我们坐出租车去就行了。

王　丽：那您穿好衣服，在房间里等我好了。

马　丁：我去医院需要准备什么吗？

王　丽：多穿点儿衣服，别着凉。还有，想想今天晚上都吃了什么东西，到医院好跟大夫说明病情。

马　丁：又让你受累，真不知道该怎么感谢你才好。

王　丽：这是我应该做的。

语句理解与练习（7-1）

1. 考虑再三，还是想让你带我去。

   "再三"多用在表示心理活动的双音节动词后面作补语，表示动作的时间长或次数多。

   （1）我考虑再三，决定放弃那家公司的工作。

   （2）她犹豫再三，还是无法做出最后的决定。

   向大家讲述一件你"考虑再三"以后决定去做的事情。

2. 在房间里等我好了。

   "……好了"用在提出自己建议的句子末尾，有商量的语气。

   （1）既然大家都认为她的办法好，就按她的办法去做好了，我没意见。

   （2）你那么讨厌他，就分手好了，省得在一起老吵架。

   用"……好了"完成下面的对话：

   （1）甲：我不喜欢吃食堂的饭菜。

   　　乙：_____。

   （2）甲：夏天去南方旅游太热。

   　　乙：_____。

   （3）甲：干这种工作真没意思。

   　　乙：_____。

   （4）甲：我迷路了，怎么办？

   　　乙：_____。

3. 想想今天晚上都吃了什么东西，到医院好跟大夫说明病情。

   "好"在这里是助动词，用在后半句，表示使后面所说的目的容易实现。

   （1）你告诉我她的邮箱，我好给她写信。

   （2）多去几个人吧，有事好商量。

第七课　医疗保健

> 用上"好"完成下面的句子：

(1) 你带上手机吧，_____。

(2) 多买一些小礼物，_____。

(3) 把他说的话都记下来，_____。

(4) 爸爸，给我买个笔记本电脑吧，_____。

4. 又让你受累，真不知道该怎么感谢你才好。

"让……受累"是客气话，用于向帮助自己的人表示感谢时，兼有道歉之意。

(1) 对不起，老师，这孩子不好好学习，让您受累了。

(2) 我在这儿住了一年，没少让您受累。

> 请你说说：

在向帮助自己的人表示感谢时，我们还可以说些什么？

医生看病常用语

1	你哪儿不舒服？
2	什么时候开始的？
3	张开嘴，说："啊——"
4	解开衣服，听听心脏。
5	去化验室化验一下血（尿、大便）。
6	去做个心电图吧。
7	家里有人得过这种病吗？
8	你的情况不太好，需要住院治疗。
9	我给你开点儿药。能吃中药吗？
10	你家有人陪你来看病吗？

练习

1. 用画线的词语回答下面的问题：

(1) 当你感到打扰别人的时候，你应该说什么？

(2) 你和朋友之间发生过哪些误会？后来怎么解决的？

(3) 你在中国吃过哪些小吃？最喜欢吃什么？

(4) 在你们国家怎样叫救护车？要拨打什么电话号码？

2. 说说下面词语中的"打"是什么意思：

(1) 打球　　　(2) 打伞　　　(3) 打枪　　　(4) 打电话

(5) 打水　　　(6) 打赌　　　(7) 打牌　　　(8) 打哈欠

3. 在突然发生下面的情况时，你怎么办？

(1) 你的朋友半夜给你打电话，说他病了，很难受，希望你带他去医院；

(2) 路上一位行人被车撞倒了，流了很多血；

(3) 家里有人突然得了重病，可是你现在在离家很远的地方；

会话篇（二）

健康体检

词语准备（7-2）

1	体检	动	tǐjiǎn	physical examination；health check-up
2	轮流	动	lúnliú	to take turns
3	踏实	形	tāshi	to feel at ease
4	填	动	tián	to fill in；to fill out
5	事项	名	shìxiàng	item
6	油腻	形	yóunì	greasy
7	空腹	动	kōngfù	on an empty stomach
8	血	名	xiě	blood
9	委屈	动、形	wěiqu	to put sb. to great inconvenience；to feel wronged
10	递	动	dì	to pass

11	盒子	名	hézi	box
12	大便	名	dàbiàn	feces
13	结果	名	jiéguǒ	result
14	强壮	形	qiángzhuàng	strong；powerful

会话课文

王　丽：马丁先生，从明天起，我们公司的全体职工要轮流去体检中心做健康体检，总经理让我通知您明天一起去。

马　丁：我的身体像有问题的样子吗？我看我就没必要去了吧？

王　丽：不管有没有问题，还是检查一下好。检查没问题，心里不就踏实了吗？还是去查查吧。这是体检表，您抽空儿填一下。

马　丁：好吧，你们中国有一句话：听人劝，吃饱饭。我听你的。明天几点出发？

王　丽：早上八点，我们的车到您的住处来接您。

马　丁：有什么注意事项？

王　丽：今天晚上不要吃油腻的东西，明天早上空腹查血，不要吃东西。

马　丁：看来我今天晚上也不能去酒吧了？

王　丽：您就委屈一下吧。还有，（递过一个盒子）这个盒子您收好，明天早上把大便放在盒子里面带来，千万别忘了。

马　丁：你放心吧，体检中心的检查结果会为我证明：我有一个多么强壮的身体！

王　丽：我也这么希望。

注释

听人劝，吃饱饭　意思是在生活中多听别人善意的劝告，会对你的生活有好处。

语句理解与练习（7-2）

1. 检查没问题，心里**不就**踏实**了吗**？

"不就……了吗"表示反问，中间插入动词或形容词，表示肯定。有加强语气的作用。

（1）你问问老同学不就知道了吗？

（2）把窗帘拉开房间里不就亮了吗？

▶ 用"不就……了"改说下面的句子：

（1）你给她打个电话就知道了。

→ _____。

（2）把警察叫来问题就解决了。

→ _____。

（3）向他说声"对不起"就行了。

→ _____。

（4）把开关关上就没事了。

→ _____。

2. 您**抽空儿**填一下。

"抽空儿"表示挤出时间（做某事）。

（1）甲：我的电脑最近老是死机，怎么办？

乙：我抽空儿去看看吧。

（2）甲：你能带我去电器商店转转吗？

乙：我最近很忙，抽不出空儿来。

▶ 用"抽空儿"完成下面的对话：

（1）甲：听说咱家附近新开了一家饭馆儿，去那里吃饭的人挺多的。

乙：_____。

（2）甲：老公，家里的电快没了，该买电了。

乙：_____。

（3）甲：爸爸，你好久没带我去公园了。

乙：_____。

3. 您就<u>委屈一下</u>吧。

"委屈一下"是客气话，对对方没能得到更好的待遇或安排表示歉意。

（1）今天您就委屈一下，明天一定为您换一个好的房间。

（2）对不起，没买到卧铺票，大家就委屈一下，坐硬座吧。

举例说明"委屈一下"的使用情景。

练习

1. 用下面的词语各造一个句子：

（1）轮流：_____。

（2）抽空儿：_____。

（3）踏实：_____。

（4）强壮：_____。

2. 请你说说：

在你们国家，每年到什么地方去做健康体检？主要检查哪些项目？

3. 你知道吗？

（1）体检以前为什么要空腹？

（2）体检的前一天晚上为什么不要吃油腻的食物？

阅读篇

中国看病流程

词语准备（7-3）

1	流程	名	liúchéng	process
2	挂号		guà hào	to register（at a hospital，etc.）
3	专家	名	zhuānjiā	expert；specialist
4	高级	形	gāojí	senior
5	职称	名	zhíchēng	professional title
6	费用	名	fèiyòng	cost
7	排队		pái duì	to line up
8	趟	量	tàng	(measure word)
9	病历	名	bìnglì	medical record
10	填写	动	tiánxiě	to fill in；to fill out
11	诊室	名	zhěnshì	consulting room
12	诊断	动、名	zhěnduàn	to diagnose；diagnosis
13	药方	名	yàofāng	prescription
14	治疗	动	zhìliáo	to treat；to cure
15	作用	名	zuòyòng	affect
16	划价		huà jià	(of hospital pharmacy) to calculate
17	并且	连	bìngqiě	and；also
18	明细单	名	míngxìdān	clear and detailed list；bill of particulars
19	记载	动	jìzài	to record
20	及	连	jí	and
21	仔细	形	zǐxì	careful
22	核对	动	héduì	to check
23	名称	名	míngchēng	name
24	小心	形	xiǎoxīn	be careful

第七课　医疗保健

阅读课文

在中国看病，首先要去医院挂号。号分普通号和专家号，专家一般是有经验的、具有高级技术职称的医生。既然称为专家，挂号的费用当然就贵一些了。因为专家每天看病有人数的限制，所以挂专家号需要早一点儿去排队，去晚了挂不上号，您就白跑一趟了。

如果你是第一次去医院看病，需要建立病历。医院会给你一个病历本，你要把你的有关信息填写清楚，然后到诊室等候。

医生为你看病的时候，会把诊断结果写在病历本上，并根据你的病情开出药方。医生会详细告诉你给你开的是什么药，对你的病有什么治疗作用，还有吃药的注意事项。

拿到医生的药方，你要先去交费处划价并且交费，药房会给你一个药费明细单，上面记载着每一种药的数量和价钱。

交费以后，你就可以去药房拿药了。拿药的时候要仔细核对药的名称和数量。千万要小心，吃错了药可不是闹着玩儿的。

语句理解与练习（7-3）

1. **既然**称为专家，挂号的费用当然就贵一些了。

"既然"是连词，用于前一小句，提出已成为现实的或已肯定的前提，后一小句根据这个前提推出结论。

（1）既然是他送给你的，你就收下吧。

（2）既然你一定要去，我也没有办法。

（3）你既然知道这件事，还问我干什么？

完成下面的句子：

（1）他既然病了，_____。

（2）既然你不喜欢她，_____。

（3）既然这是公司的规定，_____。

（4）既然商店不给退，_____。

2. 去晚了挂不上号，您就白跑一趟了。

"白"是副词，表示没有效果。如：

(1) 今晚的舞会取消了，大家白高兴一场。

(2) 书店因装修停业，我白跑了一趟。

说一件由于某种原因你白做的事情。

3. 吃错了药可不是闹着玩儿的。

"不是闹着玩儿的"意思是说事情要认真对待，否则会出现严重的后果。

(1) 这次公司的考核可不是闹着玩儿的，考核不及格会丢掉工作的。

(2) 各项数据要仔细核对，万一写错了不是闹着玩儿的。

请你说说：

做什么事情必须认真对待，做错了"不是闹着玩儿的"？

医院常见科室

1	内科	nèikē	(department of) internal medicine
2	外科	wàikē	surgical department
3	眼科	yǎnkē	(department of) opthalmology
4	耳鼻喉科	ěrbíhóukē	ENT department
5	口腔科	kǒuqiāngkē	(department of) stomatology
6	放射科	fàngshèkē	X-ray department
7	骨科	gǔkē	(department of) orthopaedics
8	牙科	yákē	(department of) dentistry
9	泌尿科	mìniàokē	urological department
10	中医科	zhōngyīkē	traditional Chinese medicine department

11	针灸科	zhēnjiǔkē	acupuncture and moxibustion department
12	妇科	fùkē	(department of) gynaecology
13	产科	chǎnkē	obstetrical department
14	儿科	érkē	(department of) paediatrics
15	化验室	huàyànshì	laboratory
16	B超室	B-chāoshì	B-ultrasonic（B-US）
17	注射室	zhùshèshì	injection room

练习

1. 从生词表中找出和看病有关的词语，并说出有什么关系。

2. 根据课文内容判断正误：

(1) 在中国的医院，挂号的人多，要早一点儿去排队。（　　）

(2) 在中国，没有病历本不能看病。（　　）

(3) 拿到医生的药方，你就可以去药房拿药了。（　　）

(4) 吃药时要小心，吃错了药就不能去玩儿了。（　　）

3. 介绍在你们国家看病的流程。

一、听录音，然后从ABCD四个选项中选择最恰当的答案：

1. 男士没有提到的感冒症状是什么？

　　A. 咳嗽　　　　B. 流鼻涕　　　　C. 发烧

　　D. 嗓子疼　　　E. 头晕

2. 男士打算怎么去医院？

    A. 骑自行车　　　B. 坐公共汽车　　　C. 坐出租车　　　D. 坐地铁

二、听录音，然后从 ABCD 四个选项中选择最恰当的答案：

1. 说话人的哪一项指标偏高？

    A. 血压（yā）　　B. 血糖（táng）　　C. 血脂（zhī）　　D. 血小板

2. 医生没有提出什么建议？

    A. 控制饮食　　　B. 多做运动　　　C. 按时吃药　　　D. 注意休息

3. 针对说话人患有牙周炎的情况，医生向他做了哪些建议？

    A. 定期洗牙、到医院诊治、平时多刷牙、定期检查牙齿

    B. 到医院诊治、平时多刷牙、定期洗牙、刷牙时间要长

    C. 平时多刷牙、定期洗牙、刷牙时间要长、定期检查牙齿

    D. 定期检查牙齿、定期洗牙、到医院诊治、刷牙时间要长

三、查词典，给下面带点的词语加上拼音：

1. 大便（　　）　2. 强壮（　　）　3. 住处（　　）　4. 抽空儿（　　）

   便宜（　　）　　 勉强（　　）　　 处理（　　）　　 空气（　　）

5. 误会（　　）　6. 着凉（　　）　7. 踏实（　　）　8. 结果（　　）

   会计（　　）　　 沉着（　　）　　 踏板（　　）　　 结实（　　）

四、下面是一些带有"病"字的词语，查词典，了解词语的意思，并说说什么时候使用这些词语：

1. 病入膏肓——

2. 同病相怜——

3. 无病呻吟——

4. 治病救人——

5. 丧心病狂——

五、小演讲：

健康是生命的本钱。

六、辩论：

每年体检有没有必要？

七、阅读下面的短文，然后谈谈自己的看法：

当有人得了癌症，病人家属往往有两种完全不同的态度，一是将病情如实告诉病人，一是隐瞒病情，不让病人知道。

大多数病人家属采取的是第二种态度，他们担心病人知道了自己的病情会加重心理负担，拒绝治疗或采取极端手段来结束自己的生命。

现在主张如实告诉病人的人越来越多，他们认为：现在人们一般都了解一定的医学知识，病人会从医生的用药、治疗手段和亲友的表情上发现自己病情的严重性，想瞒也瞒不住。另外，有些家属为了隐瞒病情而不敢带病人去专门的肿瘤医院去治疗，结果耽误了时机，让病人失去了良好的治疗条件。

八、调查：

向十个以上的年轻人提出下面的问题，然后根据调查写一份调查报告：

1. 你认为身体与工作哪个更重要？
2. 你愿意做每天很辛苦但是收入很高的工作吗？
3. 如果有加班费，你愿意每天下班以后加班吗？
4. 你愿意花钱买健康吗？
5. 当你感觉身体不舒服的时候，你会马上去医院吗？

九、交流：

1. 介绍一家你去过的或者你认为不错的医院。
2. 说说你是怎么保持身体健康的。

十、写作：（500字）

假如我是医生。

附 录

嘱咐常用语

1	慢走！
2	路上小心！
3	注意安全！
4	别太累了。
5	要多休息。
6	不要紧张。
7	保持联系。
8	酒要少喝，事要多知。
9	不要给陌生人开门。
10	别轻易相信不认识的人。

第八课　生活保险

课前热身

1. 你参加了（或者参加过）什么保险？
2. 在你们国家，最普及的险种是什么？

课文

会话篇（一）

是我们的错儿

词语准备（8-1）

1	郊区	名	jiāoqū	suburb
2	撞	动	zhuàng	to crash
3	厉害	形	lìhai	terrific
4	受伤		shòu shāng	to get injured
5	负	动	fù	to take
6	责任	名	zérèn	responsibility
7	份	量	fèn	(measure word)
8	交通	名	jiāotōng	transportation

9	事故	名	shìgù	accident
10	认定	动	rèndìng	to indentify
11	索赔	动	suǒpéi	to ask for compensation
12	凭据	名	píngjù	credential
13	额	名	é	sum
14	规定	名	guīdìng	rules
15	赔付	动	péifù	to pay for the damage

会话课文

马　丁：（给王丽打电话）王丽吗？不好意思，又要麻烦你了。我现在在去郊区的路上，我和朋友在汽车租赁公司租了一辆汽车，想自己开车到郊区逛逛，哪知道刚刚出了市区，就和一辆汽车撞上了。

王　丽：撞得厉害吗？有没有人受伤？

马　丁：人倒是都没受伤。

王　丽：人没受伤就好。有没有给122打电话？

马　丁：打了，是对方打的，警察也来了，说是我们的错儿，我们应该负全部责任，还给了一份交通事故责任认定书。

王　丽：这份认定书是向保险公司索赔的凭据，您千万收好。您和汽车租赁公司联系了吗？

马　丁：还没有。

王　丽：请您尽快跟他们联系。照常理讲，汽车租赁公司购买的都是全额保险，他们会找保险公司，按照有关规定进行赔付。不过，作为事故责任人，您多少也要赔付些钱。您现在手里有没有汽车租赁公司的联系电话？

马　丁：有，我马上跟他们联系。谢谢你。

第八课　生活保险

注释

122　道路交通事故报警台的电话号码。遇到交通事故，任何人都可以免费拨打122报警电话。

语句理解与练习（8-1）

1. <u>哪知道</u>刚刚出了市区，就和一辆汽车撞上了。

   "哪知道"表示没想到。

   （1）我以为他是好心人来帮助我，哪知道他竟是一个骗子。

   （2）他们本想走一条近路，哪知道越走离饭店越远。

   ✎ 用上"哪知道"说一件没想到的事情。

2. <u>照常理讲</u>，汽车租赁公司购买的都是全额保险。

   "照常理讲"意思是按照一般的规则或做法。

   （1）照常理讲，顾客买的东西有质量问题商店应该是管退管换的，可这家商店不退也不换。

   （2）照常理讲，买票总该有个先来后到，哪能随便加塞儿（jiā sāir）呢！

   ✎ 用上"照常理讲"，说说生活中应该遵守的规矩。

3. 您<u>多少</u>也要赔付些钱。

   "多少"在这里是副词，表示在数量或程度上无论多还是少，总要有一些。

   （1）甲：你让他翻译？他会说法语吗？

   　　乙：别人都不懂，只有他多少懂几句。

   （2）甲：你习惯这里的生活了吗？

   　　乙：多少还有一点儿不习惯，不过越来越适应了。

   ✎ 用"多少"完成下面的对话：

   （1）甲：你们吃吧，我现在不饿。

   　　乙：_____。

(2) 甲：你了解中国的地理吗？

乙：_____。

(3) 甲：其他同学都在为那个得病的学生捐款，咱们怎么办？

乙：_____。

常用电话号码

	名称	号码	何时拨打	费用
1	报警服务台	110	不法侵害、危难救助	免费
2	火警	119	失火	免费
3	医疗急救中心	120	急病救护	免费
4	医疗急救中心	999	急病救护	免费
5	道路交通事故报警台	122	交通事故	免费
6	市内电话查号台	114	电话号码查询	市话费
7	报时台	12117	查询时间	市话费

练习

1. 根据课文内容回答下面的问题：

(1) 汽车发生交通事故，应该打什么电话？

(2) 交通事故责任认定书，除了分清责任之外，还具有什么作用？

(3) 负交通事故全部责任的租车者，是不是应当赔付所有修车款？

2. 发生下面的情况，你应该拨打什么电话？

(1) 你发现一个行人过马路被撞倒；

(2) 你在地铁发现一个小偷在偷别人的钱包；

(3) 你开的汽车与另一辆汽车相撞；

(4) 你住的房间着火了。

3. 请你说说：

在你们国家发生练习 2 中的各种情况，你应该拨打什么电话？

会话篇（二）

最关心的还应该说是社会保险

词语准备（8-2）

1	推销员	名	tuīxiāoyuán	sales man
2	储蓄	动	chǔxù	to deposit
3	通俗	形	tōngsú	common, popular
4	存	动	cún	to deposit
5	期限	名	qīxiàn	time limit
6	死亡	动	sǐwáng	to die
7	数额	名	shù'é	quantity
8	可观	形	kěguān	considerable
9	利息	名	lìxī	interest
10	险种	名	xiǎnzhǒng	insurance type
11	养老		yǎng lǎo	to take care of one's old time
12	外籍	名	wàijí	foreign identity
13	安心		ān xīn	to be relived

会话课文

推销员：先生，这是最近推出的一种储蓄保险，您想了解一下吗？

马　丁：我的汉语不太好，您能用最通俗的语言向我介绍一下吗？

推销员：好，我尽量简单介绍。这种储蓄保险是人寿保险的一种，投保人把钱存在银行，银行为被保险人上一种人寿保险，在保险期限内，如果被保险人意外死亡，保险公司会付投保人一定数额的保险金。如果在期限内没有出意外，投保人可以得到一笔可观的利息。我的介绍您能听懂吗？

马　丁：有的词不太明白，不过八九不离十吧。中国现在的保险种类多吗？

推销员：这些年新的险种在不断扩大，人们在选择时往往各取所需，最关心的还应该说是社会保险，像养老保险、医疗保险、工伤保险、失业保险和生育保险等等。

马　丁：外国人可以参加吗？

推销员：过去不行，现在在一些大城市逐渐放开了，已经有一些在中国工作的外籍员工参加了中国的社会保险。

马　丁：我要是打算长期在中国工作，参加这些保险是不是各有利弊呢？

推销员：当然是利大于弊了，参加了这些保险，您就可以安心在中国生活了！

注释

1. **人寿保险（life insurance）** 以被保险人在保险有效期内的死亡或生存为条件的一种保险方式。简称寿险。也叫生命保险。

2. **投保人（insurance applicant）** 参加保险的人。

3. **养老保险（endowment insurance）** 养老保险制度是国家和社会根据一定的法律法规，为解决劳动者在达到国家规定的解除劳动义务的劳动年龄界限，或因年老丧失劳动能力退出劳动岗位后的基本生活而建立的一种社会保险制度。养老保险费用来源，一般由国家、单位和个人三方或单位和个人双方共同负担。符合养老条件的人，可向社会保险部门领取养老金。

4. **医疗保险（medical insurance）** 医疗保险又称健康保险，简称医保，是保险人负责承担被保险人因意外伤害或疾病支出以保险医疗费用的人身保险。

5. **工伤保险（employment injury insurance）** 是指为生产、工作中遭受事故伤害和患职业性疾病的劳动者及家属提供医疗救治、生活保障、经济补偿、医疗和职业康复等物质帮助的一种社会保险。

6. 生育保险（maternity insurance） 生育保险是指对生育的职工给予必要的经济补偿和医疗保健的社会保险。

语句理解与练习（8-2）

1. 有的词不太明白，不过八九不离十吧。

   "八九不离十"表示差不多，很接近。

   （1）甲：我猜对了吗？

   　　乙：八九不离十吧，大概的意思你猜出来了。

   （2）他是个"考试专家"，只要大概了解某方面的知识，就能回答得八九不离十。

   用"八九不离十"完成下面的对话：

   （1）甲：我们大学的留学生有两千多人，是吗？

   　　乙：_____。

   （2）甲：参加朋友的婚礼得交一千元的礼金，对吗？

   　　乙：_____。

2. 人们在选择时往往各取所需。

   "各取所需"表示每个人选择自己所需要的。

   （1）这批救灾物资什么都有，大家可以各取所需。

   （2）这个小商品市场的商品有上万种，顾客可以各取所需。

   请你回答：

   人们在什么场合会"各取所需"？

3. 当然是利大于弊了。

   "A大于B"表示前者在某一方面比后者更重要或更有优势。

   （1）无论在什么时候，国家利益都大于个人利益。

（2）从保护健康的角度来说，预防永远大于治疗。

了解下面词语的意思，然后讲述一个相关的故事：

（1）功大于过

（2）权大于法

（3）哀莫大于心死

练习

1. 根据课文内容回答下面的问题：

（1）什么是储蓄保险？

（2）社会保险主要包括哪些？

（3）外国人可不可以参加中国的社会保险？

2. 请你说说：

（1）你希望有一种什么保险？

（2）介绍一种你认为很特别的保险。

（3）简单介绍你们国家的社会保险制度。

3. 成段表达：

我看社会保险制度。

阅读篇

外籍员工的医疗保险

词语准备（8-3）

1	后顾之忧		hòu gù zhī yōu	fear of later period
2	人士	名	rénshì	public figures

3	针对	动	zhēnduì	to aim at
4	此前	名	cǐqián	in earlier days
5	内地	名	nèidì	mainland
6	支出	动、名	zhīchū	to pay out
7	保障	动	bǎozhàng	to ensure
8	需求	名	xūqiú	need
9	近期	名	jìnqī	recent period
10	驻	动	zhù	located in
11	借助	动	jièzhù	to get help from
12	雇员	名	gùyuán	employees
13	福利	名	fúlì	welfare
14	跨国公司		kuàguó gōngsī	multinational corporation
15	本土	名	běntǔ	native country
16	企业	名	qǐyè	corporation
17	度身		duó shēn	tailor-made for certain individual
18	境外	名	jìngwài	outside borders
19	金额	名	jīn'é	money amount
20	提供	动	tígōng	to supply
21	援助	动	yuánzhù	to help；to offer aid
22	救援	动	jiùyuán	to rescue
23	达成	动	dáchéng	to get
24	认可	动	rènkě	to approve
25	协议	名	xiéyì	agreement
26	就医		jiù yī	to hospitalize
27	相关	动	xiāngguān	relevant

阅读课文

为了给在中国工作的外籍员工解决后顾之忧,一些专门针对外籍人士的医疗保险计划最近在上海等城市推出。

此前,在中国内地工作的外籍员工,购买医疗保险的最高保额仅有几万元人民币,在国外期间发生的医疗费用,也只能按国内医疗费用支出水平赔付,远远不能满足这些外籍员工的医疗保障需求。而近期推出的"驻外员工医疗保险",借助其外方母公司雇员福利计划网络,根据跨国公司本土员工与外籍员工的不同保险福利需求,为有需求的企业度身定做员工保险福利计划。该医疗保险保障范围覆盖全球。被保险人在境外发生的医疗费用,按实际支出金额赔付,即按医疗费用发生地的货币与人民币汇率兑换后,按实际支出金额赔付。同时,还提供包括紧急医疗运送、法律援助等项目的境外紧急救援保障服务。

另外,上海已有部分医院与国外一些知名保险公司合作,达成相互认可协议。外籍人员即使在国外买的保险,其保险公司只要被这些医院认可,也可以直接在上海就医,医疗费由相关保险公司支付。

语句理解与练习(8-3)

1. 借助**其**外方母公司雇员福利计划网络,……

"其"在这里是人称代词,表示"他(们)的"。多用于书面语。

(1) 一些美发店宣传免费美容,其目的是为了推销产品。

(2) 高考前,不少学生家长让孩子住进星级饭店,其做法弊大于利。

查词典,了解下面词语的意思,体会"其"在词语中的意思:

(1) 自圆其说——

(2) 名副其实——

(3) 自食其力——

(4) 出其不意——

(5) 投其所好——

(6) 文如其人——

2. **该**医疗保险保障范围覆盖全球。

"该"在这里是指示代词，指上文说过的人或事物。多用于书面语。

(1) 我向贵公司推荐我校毕业生王南。该生品学兼优，专业知识扎实，是个不可多得的人才。

(2) 风林山庄今日开始出售。该小区位于近郊，交通便利。

请用上"该"介绍一个人或一个公司。

3. 按实际支出金额赔付，**即**按医疗费用发生地的货币与人民币汇率兑换后，按实际支出金额赔付。

"即"意思是"就是"，解释或说明前面的部分。多用于书面语。

(1) 套购商品，即用不正当手段购买国家计划内的商品并从中牟利。

(2) 超前消费，即通过贷款、分期付款等方式，将今后的收入提前到现在使用。

用"即"解释下面的词语：

(1) 变相涨价

(2) 自负盈亏

(3) 囤积居奇

(4) 买空卖空

练习

1. 根据课文内容回答下面的问题：

(1) 什么是"驻外员工医疗保险"？

(2) "驻外员工医疗保险"可以在哪些地方使用？

(3) "驻外员工医疗保险"除了赔付医疗费用以外，还包括哪些服务？

2. 用上下面的动词各写出一句完整的句子：

　　(1) 借助：_____。

　　(2) 针对：_____。

　　(3) 认可：_____。

　　(4) 援助：_____。

　　(5) 提供：_____。

　　(6) 达成：_____。

3. 请你说说：

　　你在国外留学、工作或旅游的时候，一般购买什么保险？

综合练习

一、听录音，然后从 ABCD 四个选项中选择最恰当的答案：

　　1. 下面哪一种好处是女士没有谈到的？

　　　　A. 每年可以得到分红　　　　B. 80岁以后可以得到保额的三倍返还

　　　　C. 可以用于重大疾病　　　　D. 可以得到一笔可观的利息

　　2. 女士所提到的各类保险哪一项是必须购买的？

　　　　A. 车辆损失险　　　　　　　B. 第三者责任险

　　　　C. 不计免赔险　　　　　　　D. 机动车交通事故责任强制保险

二、听录音，然后从 ABCD 四个选项中选择最恰当的答案：

　　保险公司拒赔的理由是：

　　　　A. 该厂与保险公司签订的保险合同是无效的

　　　　B. 汽车是因为刹车失效造成交通事故的

　　　　C. 汽车载重超过核定载重量造成交通事故

　　　　D. 该厂赔偿金额超过保险合同约定

第八课　生活保险

三、写出与下列词语相对的词语：

1. 内地（　　　）　2. 郊区（　　　）　3. 境外（　　　）

4. 支出（　　　）　5. 近期（　　　）　6. 此前（　　　）

四、模仿例词，用所给的字组成新的词语：

1. 就：就医、就_____、就_____、就_____

2. 受：受伤、受_____、受_____、受_____

3. 存：存钱、存_____、存_____、存_____

五、用画线的词语回答下面的问题：

1. 在你的生活中，遇到什么情况，你要向对方<u>索赔</u>？

2. 作为公司职员，你认为应当享受什么<u>福利</u>？

3. 你认为<u>储蓄</u>是一种有效的投资吗？

4. 你认为朋友之间借贷需要签订一种<u>协议</u>吗？

六、演讲：

社会保险与社会生活。

七、阅读下面的短文，然后回答后面的问题：

机动车交通事故责任强制保险（以下简称"交强险"）是中国首个由国家法律规定实行的强制保险制度。交强险是由保险公司对被保险机动车发生道路交通事故造成受害人（不包括本车人员和被保险人）的人身伤亡、财产损失，在责任限额内予以赔偿的强制性责任保险。交强险是通过国家法律强制机动车所有人或管理人购买的责任保险，在最大程度上为交通事故受害人提供及时和基本的保障。

交强险负有更多的社会管理职能。建立机动车交通事故责任强制保险制度不仅有利于道路交通事故受害人获得及时有效的经济保障和医疗救治，而且有助于减轻交通事故肇事方的经济负担。

此外，交强险还具有一般责任保险所没有的强制性。只要是在中国境内道路上行驶的机动车的所有人或者管理人都应当投保交强险，未投保的机动车不得上路行驶。这种强制性不仅体现在强制投保上,也体现在强制承保上,具有经营机动车交通事故责任强制保险资格的保险公司不得拒绝承保,也不能随意解除合同。

问题:

1. 什么是交强险?

2. 实行交强险的作用是什么?

3. 交强险与一般责任保险的区别是什么?

八、调查:

向十个以上年轻人调查下面的题目,得出百分比,写一个相关的调查报告:

1. 你购买了什么保险?

2. 你认为有必要购买什么保险?

3. 你会为你的汽车上什么保险?

4. 谈谈保险的必要性。

九、社会实践:

以保险业务员的身份,向人推荐一种保险。

十、写作:(500字)

我为什么要购买××险

附 录

争辩常用语

1	我不是有意的。
2	这不是我们的错。
3	您说的跟事实有些出入。

4	这事不能怪我。
5	我们没有责任。
6	请听我解释。
7	这与我们的产品质量没有关系。
8	您大概不太了解情况。
9	请您听我把话说完。
10	您了解得不太全面。

第九课　假日旅行

课前热身

1. 介绍你去过或知道的中国著名旅游景点。
2. 介绍你在中国旅游的经验。

课文

会话篇（一）

不去看看会终身遗憾

词语准备（9-1）

1	终身	名	zhōngshēn	all life
2	遗憾	形	yíhàn	regret
3	黄金周	名	huángjīnzhōu	golden week holiday
4	胜地	名	shèngdì	places of interests
5	休假		xiū jià	to take holiday
6	名人	名	míngrén	celebrity
7	顶	名	dǐng	top

8	首	名	shǒu	chief
9	名城	名	míngchéng	famous city
10	泉	名	quán	spring
11	美景	名	měijǐng	fine view, beauty

会话课文

王　丽：马丁先生，黄金周快到了，要去旅行吗？

马　丁：那还用说！中国的游览胜地很多，要是不去看看会终身遗憾。

王　丽：中国的旅游景点您好像去过的不多。

马　丁：是啊，整天忙于工作，没时间出去，只是在城市周围转了转。

王　丽：这次休假时间比较长，您可以跑远一点儿，南到海南岛，北到哈尔滨，西到乌鲁木齐，东到青岛，您都可以去走一走，看一看。

马　丁：可我只有两条腿，怎么看得过来呀？哎，对了，我先去趟泰山怎么样？我听说中国历史上的名人几乎都要到泰山顶上去看看。

王　丽：泰山是中国五岳之首，很值得去游览。泰山附近有历史文化名城曲阜，您还可以去看看泉城济南。泰山离我们这里不远，坐动车组火车几个小时就到了。

马　丁：就是D字头火车？我还没坐过。我听说速度很快，有点儿像日本的新干线。

王　丽：您可以感受一下。要是现在出发，明天早上您就会站在泰山顶上欣赏日出美景了。

注释

1. **海南岛**　位于中国南部，中国第二大岛。

2. **哈尔滨**　中国北部城市，黑龙江省省会。

3. **乌鲁木齐**　中国西部城市，新疆维吾尔自治区政府所在地。

4. **青岛**　中国东部城市，著名避暑胜地。

5. **泰山**　位于山东省中部，古称东岳，为五岳之首。

6. **五岳**　中国五大名山的总称，即东岳泰山、南岳衡山、西岳华山、北岳恒山、中岳嵩山。

7. **曲阜**　县名，位于山东省中部偏南，为孔子故里。著名游览胜地。

8. **济南**　城市名，山东省省会，因市内多泉，有"泉城"之称。

9. **动车组**　每节车厢都带有动力装置的火车叫动车，将这样的车厢编成一组称为动车组。动车组可以根据某条线路的客流量变化进行灵活编组，可以实现高密度小编组发车以及具有安全性能好、运量大、往返不需掉转车头、污染小、节能、自带动力等优点。

10. **新干线**　全称为"高速铁路运输系统新干线"，日本的高速电气化火车。

语句理解与练习（9-1）

1. 那还用说！

"那还用说"意思是"不用说"，表示肯定。

（1）甲：回国以后给我们写信。

乙：那还用说，这事忘不了。

（2）甲：你想不想和我们一起去看足球比赛？

乙：那还用说。

用"那还用说"完成下面的对话：

（1）甲：你说我们学校的足球队能拿冠军吗？

乙：_____。

（2）甲：你结婚的时候别忘了请我们。

乙：_____。

（3）甲：你会开这种车吗？

乙：_____。

（4）甲：你真的能帮我买到明天的火车票吗？

乙：_____。

2. 怎么看得过来呀？

"V 得（不）过来"表示能（不能）完成。

(1) 这么点儿活儿，我一个人干得过来。

(2) 要看的论文太多，我都看不过来了。

用"V 得（不）过来"各写一句完整的话：

(1) 看：_____。

(2) 干：_____。

(3) 收拾：_____。

(4) 照顾：_____。

3. 很值得去游览。

动词"值得"表示有价值，有意义，有好处，可以受程度副词修饰。

(1) 这个博物馆展品丰富，很值得参观。

(2) 为这么个人去卖命，真不值得。

将下面的词语写成完整的句子：

(1) 值得去：_____。

(2) 值得买：_____。

(3) 值得冒险：_____。

(4) 值得推广：_____。

练习

1. 用画线的词语回答下面的问题：

(1) 介绍你们国家的一处游览胜地。

(2) 说说你生活中感到最遗憾的一件事情。

(3) 如果你能休假 15 天，你最想去哪里？

2. 判断下面句子的正误：

(1) 青岛是中国第二大岛。（　　）

(2) 动车组是中国的新干线。（　　）

(3) 曲阜是中国文化名人孔子的家乡。（　　）

(4) 哈尔滨是中国北边的一座城市。（　　）

3. 请教你的中国朋友或查找文献，然后对下面的问题作成段表达：

(1) 介绍中国"五岳"中的一座山。

(2) 介绍你知道的一座中国历史文化名城。

会话篇（二）

我建议您坐火车去

词语准备（9-2）

1	直	副	zhí	directly
2	况且	连	kuàngqiě	more over
3	里外里	副	lǐwàilǐ	total
4	订（票）	动	dìng（piào）	to book（tickets）
5	旺季	名	wàngjì	busy season
6	往返	动	wǎngfǎn	double journey
7	旅行社	名	lǚxíngshè	traveling agency
8	或许	副	huòxǔ	maybe
9	富余	动	fùyu	to have a plus
10	赶紧	副	gǎnjǐn	hurried

第九课　假日旅行

会话课文

马　丁：王丽，我这个周末打算去泰山，你说我是坐飞机去好还是坐火车去好？

王　丽：我建议您坐火车去。因为现在没有直飞泰山的飞机，况且坐飞机去办手续比较麻烦，还要提前几个小时到机场，里外里时间差不多，相比之下，坐火车更方便一些。

马　丁：那就坐火车去吧。我出发前直接去火车站能买到票吗？

王　丽：这我说不好，您最好还是提前订票。

马　丁：在什么地方订票好呢？

王　丽：公司附近有一个火车站的订票处，您可以去那里看一看。另外，您也可以在网上订票，既方便，也不需要那么辛苦了。现在快到旅游旺季了，要是订票得早一点儿，晚了能不能订到票就很难说了。

马　丁：能不能订往返票？

王　丽：我想应该可以。

马　丁：万一订不到票怎么办？

王　丽：你可以联系一下旅行社，或许他们会有一两张富余的车票。

马　丁：那我现在赶紧订票吧。

王　丽：我现在有时间，咱们先试着在网上订票吧。

语句理解与练习（9-2）

1. **相比之下**，坐火车更方便一些。

"相比之下"表示两个或两个以上的人或事物放在一起比较，后面得出某种结论。

（1）相比之下，第一位应聘者的技术更熟练一些。

（2）这两家公司各有特色，相比之下，我更看好Ａ公司。

用"相比之下"比较下面的几组事物：

(1) 红茶与绿茶

(2) 中餐与西餐

(3) 韩语与日语

(4) 冬季与夏季

2. 这我说不好。

"说不好"表示不能准确地判断或解释。

(1) 甲：天这么阴，你说今天会不会下雨？

乙：说不好，这里的天气常常说变就变。

(2) 甲：在哪儿买电脑最便宜？

乙：我也说不好，你最好多去几个商店看看。

请你说说：

在生活中别人问到什么事情，你会用上"说不好"来回答？

3. 晚了能不能订到票就很难说了。

"难说"表示对所说的事情不能确定或没有把握。

(1) 甲：是不是贵的衣服质量比较好？

乙：很难说。有些衣服只是表面好看，其实就是个样子货。

(2) 甲：你放假能去海南旅行吗？

乙：现在还难说，看到时候能不能走开吧。

用"难说"完成下面的对话：

(1) 甲：你这次考试及格没问题吧？

乙：_____。

(2) 甲：大商店里品种齐全，应该能买到吧？

乙：_____。

（3）甲：你父母同意你去外国留学吗？

乙：_____。

（4）甲：你儿子学习不错，考大学应该没问题！

乙：_____。

练习

1. 根据课文内容回答下面的问题：

（1）王丽为什么建议马丁坐火车去泰山？

（2）王丽介绍了买火车票的几种途径？

2. 介绍你买火车票的一次经历。

3. 请你说说：

（1）坐飞机和坐火车去旅行各自的特点。

（2）介绍你买火车票的经验。

阅读篇

旅游必备

词语准备（9-3）

1	必备	形	bìbèi	indispensable
2	护照	名	hùzhào	passport
3	旅途	名	lǚtú	journey
4	替换	动	tìhuàn	replace
5	衣物	名	yīwù	clothes
6	居住	动	jūzhù	to resident

7	温差	名	wēnchā	temperature difference
8	薄	形	báo	thin
9	拉肚子		lā dùzi	to get dysentery
10	伤	动、名	shāng	to injure；injury
11	蚊虫	名	wénchóng	mosquito
12	叮咬	动	dīngyǎo	to sting
13	对症下药		duì zhèng xià yào	to suit the remedy to the case
14	长期	形	chángqī	long time
15	服	动	fú	to take
16	摄像机	名	shèxiàngjī	video
17	漱	动	shù	to rinse
18	餐巾纸	名	cānjīnzhǐ	handkerchiefs
19	卫生纸	名	wèishēngzhǐ	toilet paper
20	打发	动	dǎfa	to pass the time
21	棋	名	qí	chess
22	牌	名	pái	cards
23	娱乐	名	yúlè	entertainment
24	有备无患		yǒu bèi wú huàn	to do enough preparation to fear nothing
25	俗话	名	súhuà	common words
26	穷家富路		qióng jiā fù lù	poor in home and rich on the road

阅读课文

出门旅行，有些东西是必须准备的。

首先，带上能够证明自己身份的证件，像身份证、护照什么的，住饭店、买机票都用得着，要是忘了带，会给你的旅途带来不必要的麻烦。

第九课　假日旅行

其次，要适当准备一些替换的衣物，替换衣物的多少可以根据去的天数来定。另外，如果你去的地方和你居住的地方有较大的温差，还需要准备不同季节的衣物，比如去海南，就要带一些较薄的衣服；而要去东北，带上较厚的衣服就十分必要了。

还有，出门旅行，感冒、拉肚子、碰伤、被蚊虫叮咬是难免的，带上一些常用药，就可以对症下药。有病需要长期服药的人，别忘了带够每天需要吃的药。

除了以上必备用品以外，下面这些东西也是应该在考虑之中的。像手机、摄像机、照相机以及电池、充电器、洗漱用具、餐巾纸、卫生纸等等。为了打发坐火车、汽车的时间，也可以带上棋牌等娱乐用品。

最后，也是最重要的：准备足够的钱，有备无患。俗话说，"穷家富路"，意思是旅游时常常会发生一些意想不到的事情，所以要多带些钱。当然有条件的可以带上信用卡。

注释

东北　指中国东北部的黑龙江、吉林、辽宁三省。

语句理解与练习 (9-3)

1. 住饭店、买机票都用得着。

   "用得着"表示有所用之处。

   (1) 这些去暑的药带上吧，夏天旅行用得着。

   (2) 把电子词典随身带着，和外国人交流用得着。

请你说说：

你要去国外旅行，应该带上哪些用得着的物品？

2. 替换衣物的多少可以根据去的天数来定。

"根据……来定"表示确定某件事情的条件,如数量、时间等等。

(1) 学费的多少,要根据学习时间长短来定。

(2) 出差多少天,要根据工作进程来定。

把下面的话说成完整的句子:

(1) 根据工程进度来定:_____。

(2) 根据客流量来定:_____。

(3) 根据房间的质量来定:_____。

3. 感冒、拉肚子、碰伤、被蚊虫叮咬是难免的。

"难免"的意思是不可避免,表示某件事情一定会发生。

(1) 人们在工作中难免会犯一些错误,但是不能总犯同样的错误。

(2) 大家都是第一次遇到这样的事情,看法不同是难免的。

请你说说:

(1) 世界上哪些事情的发生是难免的?

(2) 人的一生中难免会犯的错误有哪些?

练习

1. 根据课文内容回答下面的问题:

(1) 出门旅行为什么要多带钱?

(2) 出门旅行需要带哪些物品?

(3) 出门旅行可能会遇到哪些问题?

2. 请你说说:

(1) 根据你的经验,出门旅行时除了课文中提到的以外,还应该带上哪些物品?

（2）你有没有由于忘带某样东西造成不必要的麻烦？

3. 介绍你最难忘的一次旅行经历。

综合练习

一、听录音，然后从 ABCD 四个选项中选择最恰当的答案：

1. 男士为什么不去旅游？
   A. 他现在不喜欢旅游了　　　　B. 他现在没有时间去旅游
   C. 他现在没有钱去旅游　　　　D. 现在没有人跟他去旅游
2. 男士为什么要坐飞机去旅游？
   A. 坐飞机比较快　　　　　　　B. 坐飞机比较安全
   C. 坐飞机比较舒服　　　　　　D. 现在坐飞机比较便宜

二、听录音，边听边在下面的句子中填写有关内容：

　　各位旅客，大家好！我现在介绍一下今天游览的内容和时间安排。我们今天游览的第一站是世界上最大的古建筑群——_____。我们大概_____到达故宫，在故宫的参观时间为_____。_____我们在故宫南门集合，一起去_____吃午饭。_____到_____，我们游览_____，_____我们去游览世界上现存的规模最大的皇家园林——_____。_____游览活动结束，我们乘车回我们住的宾馆。

三、用下面的汉字各组两个词语：

1. 必（　　）（　　）　　2. 休（　　）（　　）
3. 赶（　　）（　　）　　4. 富（　　）（　　）
5. 旅（　　）（　　）　　6. 温（　　）（　　）
7. 终（　　）（　　）　　8. 胜（　　）（　　）

四、给下面的多音字标出不同的拼音并各组一个词语：

1. 乐 { _____（ ）
        _____（ ）

2. 差 { _____（ ）
        _____（ ）

3. 长 { _____（ ）
        _____（ ）

4. 发 { _____（ ）
        _____（ ）

5. 假 { _____（ ）
        _____（ ）

6. 行 { _____（ ）
        _____（ ）

五、讨论：

参加旅行团的利与弊。

六、阅读下面的短文，然后回答后面的问题：

张家界位于中国的湖南省西北部，是中国的著名旅游景点。这里包括被联合国教科文组织列入《世界自然遗产名录》的武陵源风景名胜区，有中国第一个国家森林公园张家界国家森林公园，还有多个自然保护区。国内外专家学者称赞武陵源是"大自然的迷宫"和不可思议的"地球纪念物"。"武陵源在风景上可以和美国西部的几个国家森林公园及纪念物相比。武陵源具有不可否认的自然美。她拥有壮丽而参差不齐的石峰、郁郁葱葱的植被以及清澈的湖泊、溪流。"

张家界到处是奇峰异石，最高的山峰为桑植县境西北的斗篷山，还有被称为"中华最佳洞府"的黄龙洞；除此之外，这里的温泉、峡谷、湖泊、寺庙、古寨等，都是游人流连忘返的地方。

美国好莱坞曾到张家界来拍照取景，后被卡梅隆导演看上，用在了电影《阿凡达》中。

问题：

1. 张家界在中国的什么地方？
2. 张家界为什么那么有名？
3. 张家界有哪些美丽的风景？

4. 张家界的风景出现在哪一部著名的影片中？

七、三分钟演讲：

欢迎到我的家乡来旅游。

八、调查：

请向你周围的人（至少5人）做一份有关旅游的调查，然后做个总结发言：

1. 如果你想去世界各地旅游，你最想去哪个国家？为什么？
2. 如果你想在中国旅游，你最想去哪个地方？为什么？
3. 你更喜欢自然景观还是人文景观？为什么？

九、写作：

写一篇500字的游记。

十、请你说说：

在出现下面情况的时候，你会怎么做？

1. 旅游时丢失了自己的钱包；
2. 晚上出去散步时迷了路，而且忘记了自己住的饭店的名字，又没带房间钥匙；
3. 游览时找不到同伴，想联系却发现手机没电了；
4. 睡觉时，你的同屋由于白天游览过度劳累而鼾声如雷，吵得你睡不着觉。

附 录

确认常用语

1	他是这么说的。
2	我确实见他穿过这件衣服。

3	这是他的自行车，没错儿。
4	我可以肯定，这是他写的。
5	我认为他完全有可能做这种事。
6	我向您保证这篇作文是我写的。
7	千真万确，他没有给我一分钱。
8	我用脑袋担保，他今天一直没出门。
9	我发誓，这事不是我干的。
10	根据鉴定，这里的血迹和犯罪现场发现的血迹是同一个人的。

第十课　离别时刻

课前热身

1. 当你和朋友分手的时候,你会跟朋友说些什么?
2. 当你从国外回到自己的祖国时,你一般会给朋友买些什么礼物?
3. 当你的行李超重时,你愿意为超重的行李付超重费还是选择扔掉?

课文

会话篇（一）

祝您一路平安

词语准备（10-1）

1	一路平安		yí lù píng'ān	to have a pleasant journey
2	哎呀	叹	āiyā	(interjection)
3	走不开		zǒubukāi	busy to leave away
4	邮箱	名	yóuxiāng	e-mail
5	地址	名	dìzhǐ	address
6	起码	形	qǐmǎ	at least

7	托运	动	tuōyùn	to check through (baggage)
8	行李	名	xíngli	baggage
9	领带	名	lǐngdài	neck tie
10	不成敬意		bù chéng jìngyì	(modest word) not respectful enough

会话课文

王 丽：路上堵车，差点儿晚了。

马 丁：哎呀，真不好意思，又让你跑一趟。其实，我一个人走没问题，用不着送。

王 丽：看您说的，我们一起工作了这么长时间，现在您要回国了，我送送您还不应该吗？

马 丁：我在中国工作和生活都很愉快。谢谢贵公司对我的照顾，也要谢谢你对我的帮助。

王 丽：帮助您在中国工作好、生活好是我的责任。如果有什么做得不够的地方请您给我指出来。

马 丁：我非常满意。有机会我一定再来中国。

王 丽：希望到时候我还会代表公司迎接您。

马 丁：如果有机会的话，欢迎你到我的家乡去。

王 丽：很希望到你们国家去看看。不过现在工作太忙，恐怕没时间，走不开。

马 丁：你有我的邮箱地址吧，请多和我联系。

王 丽：那是一定的，起码在工作上我们会经常保持联系的。时间到了，我就不跟您多说了，您快去托运行李吧，祝您一路平安。哦，对了，这条领带是给您的，一点儿小礼物，不成敬意。

马 丁：你太客气了！

第十课　离别时刻

语句理解与练习（10-1）

1. 看您说的。

"看您（你）说的"一般用于当对方夸奖你、向你表示道歉或者认为事情不像对方所说的那样时，意思是"别这么说"。

（1）甲：我真不知道该怎么感谢你。

乙：看你说的，朋友之间不要说这样的话。

（2）甲：耽误你的工作，实在对不起。

乙：看你说的，你的事就是我的事。

用"看您（你）说的"完成下面的对话：

（1）甲：今天要不是你帮助我，我真不知道该怎么办了。

乙：_____。

（2）甲：给你们添了那么多麻烦，真不好意思。

乙：_____。

（3）甲：我听说您喝酒是海量，一次可以喝10瓶啤酒。

乙：_____。

2. 我送送您还不应该吗？

"……还不应该吗？"是反问句，表示肯定。

（1）你撞了别人，下来向别人道歉还不应该吗？

（2）孩子考上了大学，爸爸妈妈表示一下还不应该吗？

用"……还不应该吗？"改写下面的句子：

（1）他救了你的孩子，你应该买些礼物表示感谢。

（2）你借他的钱借了那么长时间，他让你早点儿还也是应该的。

（3）我们队得了第一名，可以一起喝点儿酒吧？

3. 那是一定的。

"那是一定的"用于对话中，表示肯定会做某件事。

(1) 甲：要是有机会去你的家乡，你可要带我好好转一转。

乙：那是一定的！我请你吃我们家乡的风味小吃。

(2) 甲：结婚以后可要常回来看看。

乙：那是一定的。我不会忘了你们的。

用上"那是一定的"完成下面的对话：

(1) 甲：回国以后别忘了跟我联系。

乙：_____。

(2) 甲：到了那里想着去看看两位老人。

乙：_____。

(3) 甲：中了大奖可要请客哟。

乙：_____。

练习

1. 从课文中找出常说的送别的话并加以补充：

1	
2	
3	
4	
5	
6	
7	
8	

2. 朗读下面表示祝福的话，说说各是什么时候、对什么人说的：

(1) 祝您一路顺风。

(2) 祝您一帆风顺。

(3) 祝你学习进步。

(4) 祝您工作顺利。

(5) 祝您身体健康。

(6) 祝您步步高升。

(7) 祝您心想事成。

(8) 祝您健康长寿。

(9) 祝您福如东海，寿比南山。

(10) 祝你们白头到老。

3. 请你说说：

在你们国家，什么东西经常作为朋友之间送别的礼物？

会话篇（二）

您的行李超重了

词语准备（10-2）

1	超重		chāo zhòng	super heavy
2	海关	名	hǎiguān	customs
3	官员	名	guānyuán	officials
4	出示	动	chūshì	to show
5	礼品	名	lǐpǐn	gift
6	工艺品	名	gōngyìpǐn	handicraft
7	重量	名	zhòngliàng	weight
8	补交	动	bǔjiāo	to pay more in later time
9	办理	动	bànlǐ	to handle
10	添	动	tiān	to add

会话课文

海关官员： 您好！请出示您的护照。您是要去加拿大？

马　丁： 是啊，我在中国的工作结束了，现在回国。

海关官员： 这几件行李都是要托运的吗？请放到上面来。……对不起，您的行李超重了。

马　丁： 我的行李里面都是送给朋友的礼品，他们都很喜欢中国，一定要我给他们带中国的工艺品回去。

海关官员： 对不起，行李的重量是有限制的，您的行李超重12公斤，应该补交超重的费用。

马　丁： 超重费要交多少？

海关官员： 就算10公斤吧，您需要付400元。

马　丁： 谢谢，没问题。

海关官员： 请您到那边去办理相关手续。

马　丁： 多谢您的照顾，给您添麻烦了。

语句理解与练习（10-2）

1. 就算10公斤吧。

   "就算……"用在数量词前面，表示对这一数量不作过多计较。

   （1）甲：算下来，每件一百零一点二元。

   　　乙：你要是真心想要，就算一百元一件，不过你要买一万件以上。

   　　甲：好吧，成交。

   （2）甲：每条二百一十块。

   　　乙：就算二百吧，我要五条。

用"就算……"完成下面的对话：

(1) 甲：一共四百零二块八毛。

　　乙：_____。

(2) 甲：这箱苹果一共三十一斤半。

　　乙：_____。

(3) 甲：可不可以再打点儿折？

　　乙：_____。

2. 多谢您的照顾。

"多谢您的照顾"用于道谢，这里面的"照顾"有特别优待、不加处罚的意思。

(1) 甲：这次就不罚您了，下次一定要注意。

　　乙：多谢您的照顾，给您添麻烦了。

(2) 甲：您进去吧，下次早点儿来。

　　乙：多谢您的照顾。

用"多谢您的照顾"完成下面的对话：

(1) 甲：这位老人年岁大了，请让他到前面来买票吧。

　　乙：_____。

(2) 甲：这批货我们就收下了，以后你们一定要注意产品的包装。

　　乙：_____。

(3) 甲：这次放过你，以后可不能随便停车了。

　　乙：_____。

3. 给您添麻烦了。

"给您添麻烦了"用于道谢，兼有道歉的意思。

(1) 甲：您需要的书我已经帮您买到了。

　　乙：非常感谢，给您添麻烦了。

(2) 甲：您的电脑毛病太多了，不过已经修好了。

乙：不好意思，给您添麻烦了。

请你说说"给您添麻烦了"这句话的使用情景。

练习

1. 二人一组，表演这段课文中的对话，可以根据自己的经历改变其中的语句。

2. 交流：

在你去过的国家中，对行李的重量各有什么限制？

3. 请你说说：

在你学过的汉语语句中，类似"给您添麻烦了"这样表示感谢兼有道歉意思的句子还有哪些？

阅读篇

买些什么样的礼品好呢？

词语准备（10-3）

1	特色	名	tèsè	features
2	物美价廉		wù měi jià lián	not expensive price with good quality
3	值得	动	zhídé	to be worth in（doing）
4	金属	名	jīnshǔ	metal
5	运用	动	yùnyòng	to adopt
6	青铜	名	qīngtóng	bronze
7	瓷器	名	cíqì	China
8	工艺	名	gōngyì	arts and crafts

第十课 离别时刻

9	手工	名	shǒugōng	handwork
10	绘画	名	huìhuà	painting
11	雕刻	动	diāokè	to sculpt
12	制	动	zhì	to make
13	始	动	shǐ	since; to begin
14	早期	名	zǎoqī	in early period
15	合理	形	hélǐ	reasonable
16	印章	名	yìnzhāng	seal
17	刻	动	kè	to engrave
18	明智	形	míngzhì	wise
19	材料	名	cáiliào	material
20	玉石	名	yùshí	jade
21	象牙	名	xiàngyá	ivory
22	水晶	名	shuǐjīng	crystal
23	图片	名	túpiàn	picture
24	独特	形	dútè	unique
25	文化衫	名	wénhuàshān	T-shirt with certain culture information on it
26	刺绣	名	cìxiù	embroider
27	挂件	名	guàjiàn	pendant

阅读课文

　　到过中国的外国人，离开中国的时候，总是希望带点儿有中国特色的礼品回去送给朋友，可买些什么样的礼品好呢？带两瓶茅台酒？太贵、太重不说，数量还有限制。带中国的茶？这确实是一个不错的选择，绿茶、茉莉花茶、乌龙茶、普洱茶，都不错，不过买多了在行李箱里占地方。那还有什么是物美价廉、又具有中国特色的礼品呢？

　　中国有一种工艺品叫景泰蓝的值得考虑。景泰蓝是一种金属工艺品，是运用了青铜和瓷器工艺、再加上传统手工绘画和雕刻技艺制成的。景泰蓝工艺始于明朝，因为早期只有蓝色，所以叫做景泰蓝。在商店里，你可以买到景泰蓝钢笔、花瓶、筷子等，样子漂亮，价钱也还合理。

买几块印章材料，刻上朋友的名字，不失为一个明智的选择。印章的材料各有不同，有木制的、石制的，也有玉石、象牙、水晶等材料的，可以根据每个人的需要选择。

T恤衫虽然便宜，让人觉得作礼物有些拿不出手，不过，如果在T恤衫上印有中国名胜古迹的图片，或者写有创意独特的汉字，那就变得不一般，成为文化衫了。

最后，再向朋友们推荐一些有中国特色的工艺品，像手工刺绣、中国结、剪纸、泥人、彩蛋、脸谱挂件等等，都是可以送人的物美价廉的礼品。

注释

1. **茅台酒** 中国有名的白酒，产于中国贵州的茅台镇，被誉为中国国酒。
2. **绿茶** 中国茶的主要种类，中国最有名的绿茶是龙井茶、碧螺春等。
3. **茉莉花茶** 花茶是中国茶的主要种类，茉莉花茶是其中最有名气的一种，制作方法是将绿茶等与茉莉花拼合而成，使茶带有茉莉花香。
4. **乌龙茶** 中国茶的主要种类，乌龙茶的名品为铁观音、大红袍等。
5. **普洱茶** 产于中国云南的地方名茶，大多为沱茶和饼茶。
6. **景泰蓝** 中国一种铜与瓷结合的独特工艺品，具有鲜明的民族特色，是中国传统出口工艺品。
7. **明朝** 中国历史上的一个朝代，1368至1644年。
8. **中国结** 流传于中国民间的一种装饰艺术，多用做室内装饰、亲友间的馈赠礼物及个人的随身饰物。
9. **剪纸** 中国民间的一种手工艺术，是在纸上用剪刀剪出或用刻刀刻出的装饰画。

10. 泥人　中国民间的一种手工艺术，是以泥土为材料，用手工制作的工艺美术品。

11. 彩蛋　在鸡蛋外壳上绘画的一种手工艺术。

12. 脸谱　脸谱是中国戏曲演员脸上的绘画，用于舞台演出的化妆造型艺术。

语句理解与练习（10-3）

1. 太贵、太重不说，数量还有限制。

   "A 不说，还 B" 表示在一种情况以外，还有另一种情况。

   （1）去那个公司工作有什么好哇，工资低不说，还常常加班。

   （2）我不喜欢那家饭馆儿，味道一般不说，价钱还挺贵。

   用上"A 不说，还 B"回答下面的问题：

   （1）那件衣服挺漂亮的，你为什么不买？

   （2）昨天跟你见面的小伙子怎么样？没看上？

   （3）你为什么不选这门课？

2. 中国有一种工艺品叫景泰蓝的值得考虑。

   "值得考虑"指所说的事情值得去做。多用于向人提出建议或有所选择。

   （1）这件衣服挺不错的，值得考虑。

   （2）去欧洲留学机会难得，值得考虑。

   （3）一下子买三件可以便宜不少钱呢，值得考虑。

   请你说说：

   在购物的时候，你在什么情况下觉得某一商品"值得考虑"？

3. 买几块印章材料，刻上朋友的名字，不失为一个明智的选择。

   "不失为"意思是"可以算得上"。

   （1）裁判对双方各给一张黄牌，不失为一个解决矛盾的方法。

(2) 这样写故事，不失为一种有创意的写法。

请你说说：

你认为采用什么样的促销形式不失为推销产品的一种好方法？

4. 让人觉得作礼物有些。

"拿不出手"表示不好意思作为礼物送人或展示给别人看。

(1) 第一次去看女朋友的父母就带这么点儿东西？实在拿不出手。

(2) 看别人的节目个个精采，我们的节目真的拿不出手。

请你说说：

说说在你的生活中哪些事物你觉得"拿不出手"。

练习

1. **根据课文内容回答下面的问题：**

   (1) 中国的茶主要有哪几种？

   (2) 什么酒是"中国国酒"？

   (3) 哪些手工艺品具有中国特色？

2. **根据实际情况回答下面的问题：**

   (1) 你觉得在中国，哪些东西可以当做物美价廉的礼品送人？

   (2) 在你们国家，哪些物品常常被当做礼品送人？

3. **三分钟成段表达：**

   我喜欢的中国工艺品。

综合练习

一、听录音，然后从 ABCD 四个选项中选择最恰当的答案：

1. 什么茶是把花放在茶里？
   A. 菊花茶　　　B. 红茶　　　C. 茉莉花茶　　　D. 绿茶

2. 男士对超重的行李做出了什么样的选择？
   A. 将多出的行李邮寄　　　　B. 拿出一部分行李丢掉
   C. 付超重费　　　　　　　　D. 让送行的朋友把多出的行李拿回去

二、听录音，然后回答下面的问题：

1. 马丁要乘坐的是哪个航空公司的哪一个航班？
2. 马丁要乘坐的飞机几点起飞？
3. 送马丁的车几点去接马丁？
4. 公司在哪儿为马丁举办送行宴会？

三、给下面的动词搭配适当的词语各写成一句完整的话：

1. 保持：_____。
2. 出示：_____。
3. 限制：_____。
4. 补交：_____。
5. 值得：_____。
6. 托运：_____。

四、选词填空：

　　走不开　　起码　　不成敬意　　不好意思　　物美价廉

1. （　　　），我忘了您的名字。
2. 对不起，我现在（　　　），你自己去吃吧。
3. 我要去外地出差，（　　　）要一个星期才能回来。

4. 学校附近有一家商店（　　　），我们去看看吧。

5. 这点儿小礼物（　　　），请您一定收下。

五、把你学过的有关词语填写在后面的空格内：

箱	邮箱				
片	图片				
器	瓷器				

六、用画线的词语回答下面的问题：

1. 你的邮箱地址中的字母或数字有什么特殊含义吗？
2. 你们国家有特色的小吃是什么？
3. 你们国家最独特的艺术是什么？
4. 你曾经做出过什么明智的选择？

七、用汉字为自己设计一件文化衫，并说出自己这么设计的含义。

八、调查：

请向你的朋友调查下面的问题：

1. 你在乘坐飞机的时候，可能会遇到哪些麻烦？
2. 遇到上面所说的麻烦时，你该怎么做？

九、说明：

你要乘坐的航班因为某种原因取消了，而你有重要的事情必须按时赶回你住的城市，请向机场工作人员询问有无其他办法尽快离开机场。

十、请你说说：

在机场，遇到下面的问题时，你会怎么做？

1. 海关官员问你问题，而你听不懂；
2. 海关官员要求检查你的随身行李，而你却找不到行李箱的钥匙；
3. 你发现你要乘坐的航班晚点5小时；
4. 你带了不能随身携带的物品，而你已经没有时间再去托运；
5. 因为堵车，你迟到了，已经赶不上你的航班了。

附 录

乞求常用语

1	我就带这么多钱，您便宜点儿卖给我吧。
2	再让我考一下吧。
3	您别让我去了，我求求您了。
4	您饶了我吧。
5	您帮我向警察求求情吧。
6	您让我走吧，下次一定注意。
7	只超重两公斤，您就别罚我了。
8	您放过我吧，下次不敢了。
9	您一定要想办法救救我的孩子。
10	您给她一次改过自新的机会吧。

综合练习录音文本

第一课

一、听录音，然后从 ABCD 四个选项中选择最恰当的答案：

1. 男：请问，ADSL 的月使用费是多少？

   女：每月使用 20 小时，使用费 24.5 元，超出部分每分钟 0.05 元；使用 100 小时，使用费 99.5 元，超出部分每分钟 0.05 元；包月不限时，每月 120 元；年费 1000 元。

   问：如果交年费，每月的平均费用是多少？

2. 男：请问您是王女士吗？

   女：是啊！您是……

   男：这是您在网上购买的书，一本词典、两本汉语教材，还有三本儿童漫画，一共是六本。您要的菜谱暂时缺货，过两天货一到我们马上给您送来。

   问：王女士在网上订购的书哪一本还没送到？

二、听录音，然后从 ABCD 四个选项中选择最恰当的答案：

即日起，凡在本网站购物者，除了享受各种优惠活动以外，还将获得一定的现金返还，返还率最高达 25%。比如，您购买了 100 元的图书，我们将返还 12 元；您购买 1000 元的服装，我们将返还 200 元，……有效期至本月月底，欲购者从速。

第二课

一、听录音，然后从 ABCD 四个选项中选择最恰当的答案：

1. 女：对不起，我接个电话，你帮我照看一下行李。

   男：在这儿接电话不方便吗？

   女：这儿太吵了，我很快就回来。

   男：奇怪，她怎么去了卫生间？她要在卫生间接电话吗？

   问：女士为什么去卫生间？

2. 男：他们问你什么问题了？

   女：问我的英语怎么样，还问我能不能用英语和客人交流。

   男：你是怎么回答的？

   女：我说我的英语不太好，能不能用英语工作没有把握。

   男：可你的英语雅思考试达到7级了啊？

   女：说话总是要留有余地啊！

   男：这就是你未被录用的原因。

   问：女士未被录用的原因是什么？

二、听录音，然后判断正误：

在中国，人与人之间该怎样称呼呢？这里有着一些约定俗成的规则。不称呼或者乱称呼，都会给对方带来某种程度上的不愉快。

依照惯例，在商务会见中，比较正式的称呼有以下几种。一是称呼对方的行政职务，如："总经理"；也可以在对方职务前面加上姓，如："张厂长"；或者在职务前面加上姓名，如："丁一董事长"等等。二是称呼对方的技术职称，或者在职称前面加上姓，如："刘律师"、"王宁教授"等等。三是使用"先生、女士、夫人、小姐"等广泛使用的尊称。

在商务交往中，最忌讳的是不打招呼就直接开始谈话，这是非常失礼的行为。另外，中国有些民间的称呼不适宜正式商务场合，如："哥们儿、兄弟"等等，这样称呼显得档次不高，给人一种缺少文化素养的感觉。

第三课

一、听录音，然后从 ABCD 四个选项中选择最恰当的答案：

1. 女：请问，您的邮件平邮还是快递？

   男：平邮要多少天？

   女：十天左右。

   男：这么长时间？快递贵不贵？

   女：比平邮至少贵十倍。

   男：不便宜，那除了这份资料，其他的都平邮吧。

   问：男士最后做了什么选择？

2. 男：请问，您是王女士吗？

   女：我姓王，请问您是……

   男：我是快递公司的，我这儿有您一个快件，您现在在公司吗？

   女：我现在在北京饭店，麻烦您把快件交给公司门卫，让他送到我的办公室。

   男：好的，请问门卫贵姓？

   女：姓李，叫李明。

   问：女士让快递公司把快件送到哪儿？

二、听录音，然后计算一下搬家所需费用：

女：请问，是搬家公司吗？

男：是啊，我是顺风搬家公司。

女：我想从前门搬到新建的枫林小区，请问您的起价是多少？

男：起价 300 块。请问您的路程有多远？

女：大概 15 公里吧。

男：超过 10 公里，每公里加 5 块。请问您住在几层？

女：原来住在平房，新家是 5 层。

男：每上一层楼要加 10 块。您家有没有钢琴、电视、冰箱？

女：一个电视，一个冰箱。

男：电视和冰箱各加20块钱。您什么时候用车？

女：越快越好。

第四课

一、听录音，然后从ABCD四个选项中选择最恰当的答案：

1. 男：在这里游泳一次多少钱？

   女：每次25元。

   男：可以办游泳卡吗？

   女：可以办。每张卡600元，可以游40次。如果您今天办卡，可以优惠40元。

   问：如果今天办游泳卡，平均每次游泳要花多少钱？

2. 男：你打保龄球的最高得分是多少？

   女：我平时打不过去100分，可是今天运气好，打了110分。你呢？

   男：我平时得分经常在200分以下，今天我的运气也不错，比你今天的最高得分高出一倍。

   问：男士打保龄球的最高得分是多少？

二、听录音，然后回答下面的问题：

女：请问，是健身器材专卖店吗？

男：是啊，请问您是哪位？

女：我姓刘。我前天在您这里买了个跑步机，是一位姓张的先生接待的。请问张先生在吗？

男：他现在不在，下午两点他会来。请问您有什么事要帮忙吗？

女：我前天买跑步机的时候，张先生说一两天就能把货送到。可是已经过去两天了，还没有送货消息。我担心是不是记错了电话号码，还是……

男：我看一下。您的电话号码是13520001874，对吗？

女：没错儿啊！

男：对不起，刘女士，我马上跟送货部门联系，争取今天把货送到您家。您看好吗？

女：那就麻烦您了。

男：您别客气，我们没能及时送货，再次向您表示歉意。

第五课

一、听录音，然后从ABCD四个选项中选择最恰当的答案：

1. 男：这种写字台要2000块钱？太贵了！

   女：我们现在正在举行促销活动，所有家具都打八折。

   男：那就是1600块？还可以再便宜一些吗？

   女：如果您今天就买，我们可以再降300元，不能再便宜了。

   问：如果今天就买，写字台的最低价格是多少？

2. 男：智能手机除了具备普通手机的全部功能，包括接听和拨打电话、收发短信以外，还能无线接入互联网，浏览网页、下载音乐、图片等等，也可以安装更多的应用程序，从而使智能手机的功能得到无限的扩充。

   问：关于智能手机，下面哪个特点是介绍材料中没有提到的？

二、听录音，边听边在表格的相应位置填写数字或汉字：

住　户：（听到敲门声）哪位？

收费员：我是物业公司收费员，我姓张，叫张三。

住　户：请进。

收费员：麻烦您帮我看一下，您家的水表实数是多少？

住　户：580。

收费员：您家水表上次的底数是560，实用20吨水，每吨水的单价是4元，水费一共80元。

住　户：还有别的费用吗？

收费员：有线电视费 18 元，公用电灯费 2 元，卫生费 10 元，治安费 20 元，总计 130 元。

住　户：给您 130 元。

收费员：您的钱数正好，今天是 2 月 5 日，这是您的收据，请收好。谢谢您的合作。

第六课

一、听录音，然后从 ABCD 四个选项中选择最恰当的答案：

1. 女：您喝点儿什么饮料？我们给您准备了可口可乐、雪碧、无糖酸奶，还有啤酒……

   男：我今天开车来的，还有，我有糖尿病。

   女：我明白了。

   问：男士今天只能喝什么饮料？

2. 女：（广播声）各位顾客，为迎接国庆节，本店举办有奖购物活动。凡购物满一百元者，送价值五元啤酒一瓶；购物满二百元者，送价值十五元葡萄酒一瓶；购物满五百元者，送价值五十元白酒一瓶。此外，在本店购买啤酒买一送一。欲购者从速。

   问：这家商店所送白酒是以顾客购物款的百分之几赠送？

二、听录音，然后从 ABCD 四个选项中选择最恰当的答案：

黄酒是中国的民族特产，也称为米酒。约在三千多年前的商周时代，中国人就开始大量酿造黄酒了。黄酒是世界上最古老的酒类之一，与啤酒、葡萄酒并称世界三大古酒。最有代表性的黄酒要算是绍兴加饭酒。

白酒的历史虽然没有黄酒那么长，只有一千多年，可是名声却比其他酒类大得多。在中国，如果不能喝白酒，就不能算是会喝酒的人。中国的名酒大多是白酒，其中茅台酒、汾酒、西凤酒、泸州老窖特曲酒是白酒中的四大名酒。

第七课

一、听录音，然后从 ABCD 四个选项中选择最恰当的答案：

1. 女：你哪儿不舒服？

   男：从昨天晚上开始脑袋一直发热，不停地咳嗽，还流鼻涕，感觉晕乎乎的。

   女：你可能是感冒了。

   问：男士没有提到的感冒症状是什么？

2. 男：请问，去友谊医院坐什么车？

   女：你可以坐 16 路公共汽车，坐 5 站，下车再走 5 分钟；也可以坐地铁，坐两站，从 A 口出来，走 10 分钟；你还可以租一辆自行车，骑半小时就到了。

   男：算了，我还是打车去吧。

   问：男士打算怎么去医院？

二、听录音，然后从 ABCD 四个选项中选择最恰当的答案：

我上星期在体检中心做了体检，现在体检报告出来了。从报告显示的数据看，我的血脂偏高，体重也超标，医生建议我控制饮食，多做运动，减少工作量，注意休息。还有，我患有牙周炎，医生建议我到医院诊治，并定期洗牙，平时要注意多刷牙，刷牙时间在三分钟以上。这次体检没有发现其他问题。

第八课

一、听录音，然后从 ABCD 四个选项中选择最恰当的答案：

1. 男：现在养老保险有很多种，我该买哪一种呢？

   女：您可以考虑购买我们的分红型两全保险，这种保险集投资理财、重大疾病于一体，三年有固定领取，每年还另有分红，80 岁返还保额三倍，是一个非常好的组合保险。

问：下面哪一种好处是女士没有谈到的？

2. 男：我想给我刚买的汽车上保险，请问哪些保险是首先应该考虑的？

女：新车参加车辆保险首先应选择车辆损失险、第三者责任险、不计免赔险。另外，交强险（即机动车交通事故责任强制保险）是按国家法律规定强制购买的。

问：女士所提到的各类保险哪一项是必须购买的？

二、听录音，然后从ABCD四个选项中选择最恰当的答案：

某厂与一家保险公司签订了机动车保险合同，投保险种为车辆损失险、第三者责任险等。在保险期限内，该厂驾驶员驾驶所投保的车辆发生重大交通事故，该投保车辆核定载重量为10吨，发生事故时，该车却载重至28吨。主管部门依据《道路交通事故处理办法》做出交通事故责任认定书，认定驾驶员因违章超载刹车失效，造成事故，负全部责任，需赔偿被害人15.6万余元。事后，该厂依据机动车保险合同向保险公司索赔，保险公司拒赔。该厂诉至法院，要求保险公司承担赔偿责任。后经法院判决，认为该厂与保险公司签订的机动车辆保险合同为有效合同。保险车辆虽在保险期限内发生交通事故造成损失，但车辆装载不符合规定，该厂要求保险公司赔偿保险损失的理由不能成立，不予支持，依法判决驳回该厂要求保险公司赔偿保险损失的诉讼请求。

第九课

一、听录音，然后从ABCD四个选项中选择最恰当的答案：

1. 女：你过去不是说你很喜欢去旅游吗？怎么一年都没见你出去？

男：我是说过，可是过去有时间没有钱，现在有了钱又没时间了。

问：男士为什么不去旅游？

2. 女：坐飞机多贵呀！你为什么不坐火车去旅游？

男：现在是旅游淡季，飞机票打三折，比火车票还便宜。

问：男士为什么要坐飞机去旅游？

二、听录音，边听边在下面的句子中填写有关内容：

各位旅客，大家好！我现在介绍一下今天游览的内容和时间安排。我们今天游览的第一站是世界上最大的古建筑群——故宫。我们大概8：00到达故宫，在故宫的参观时间为四个小时。12：00我们在故宫南门集合，一起去全聚德烤鸭店吃午饭。13：30到15：00，我们游览天坛公园，15：00我们去游览世界上现存的规模最大的皇家园林——颐和园。18：30游览活动结束，我们乘车回我们住的宾馆。

第十课

一、听录音，然后从ABCD四个选项中选择最恰当的答案：

1. 男：你不是说花茶是把绿茶和花放在一起制成的吗？怎么这菊花茶里只有菊花没有茶？

    女：我说的是茉莉花茶，茉莉花茶是把茉莉花放在绿茶或者红茶里，菊花茶里就只有菊花。

    问：什么茶是把花放在茶里？

2. 女：对不起，您的行李超重了，您是想付超重费还是将其中一部分随身携带，或者请送您的朋友把多出的行李拿回去？

    男：我还是拿出一些东西丢掉算了，都是些不值钱的东西。

    问：男士对超重的行李做出了什么样的选择？

二、听录音，然后回答下面的问题：

马丁先生，这是您回国的电子机票，加拿大航空公司的AC32航班由北京直飞多伦多。飞机起飞时间是5月6号18点05分，在首都机场T3航站楼办理登机手续。公司派我去机场送您。公司的车6号下午3点到您的住处接您，我下午有点儿事，办完事后直接到您的住处陪您去机场。请您带好您的护照。今天晚上6点，公司在中国大酒店为您举办送行宴会，酒店就在您的住处对面。您按时前往就行了。

语言点总表

（数字表示课文序号）

A		
A 不说，还 B	太贵、太重不说，数量还有限制。	10-3
A 大于 B	当然是利大于弊了。	8-2
B		
八九不离十	有的词不太明白，不过八九不离十吧。	8-2
白	去晚了挂不上号，您就白跑一趟了。	7-3
拜……为师	我应该拜你为师。	4-1
别提多……了	别提多方便了。	1-2
不仅……也……	您在家的时候，不仅可以用电脑上网，手机上网也不会占流量。	1-1
不就……了吗	检查没问题，心里不就踏实了吗？	7-2
不是闹着玩儿的	吃错了药可不是闹着玩儿的。	7-3
不光	网上购物不光方便，还有别的好处。	1-2
不失为	买几块印章材料，刻上朋友的名字，不失为一个明智的选择。	10-3
C		
抽空儿	您抽空儿填一下。	7-2
此外	此外，你必须经常给你的博客增加新的内容。	1-3
D		
……的是	最让我不理解的是，……	2-2
第一时间	请在第一时间拨打小区维修电话。	5-3
多少	您多少也要赔付些钱。	8-1
多谢您的照顾	多谢您的照顾。	10-2

F		
放在心上	这么重要的事情，我会把它放在心上的。	5-1
否则	小区宽带的接通需要有一定数量的用户，否则无法开通。	1-1
G		
该	该医疗保险保障范围覆盖全球。	8-3
改日	改日吧，今天工作多，我得加班。	6-2
各取所需	人们在选择时往往各取所需。	8-2
各有……	我觉得各有利弊。	1-1
给您添麻烦了	给您添麻烦了。	10-2
根据……来定	替换衣物的多少可以根据去的天数来定。	9-3
过不去	我一般过不去200分。	4-1
H		
……还不应该吗？	我送送您还不应该吗？	10-1
还是	还是亲自用手写更让人感到亲切。	3-2
还以为……呢	我还以为中国人喜欢龙，所以贺年片一定要画龙呢。	3-2
好	想想今天晚上都吃了什么东西，到医院好跟大夫说明病情。	7-1
……好了	在房间里等我好了。	7-1
和……分不开	酒之所以被称为一种文化产物，和它给人们带来的精神愉悦是分不开的。	6-3
很难想象	很难想象离开了水、电和天然气，人们该如何生存。	5-3
J		
即	按实际支出金额赔付，即按医疗费用发生地的货币与人民币汇率兑换后，按实际支出金额赔付。	8-3
极	健身已经成为一种极具特色的产业。	4-3
集……于一体	许多健身俱乐部，集健身、美容、美体、休闲于一体。	4-3
既然	既然称为专家，挂号的费用当然就贵一些了。	7-3
仅次于	在中国国内仅次于中国邮政的EMS。	3-3
近……来	近年来，博客这个词语在中国逐渐流行开来。	1-3

……就更不用说了	EMS 当然就更不用说了。	3-1
就算……	就算10公斤吧。	10-2
据	据统计，中国有百分之四十多的网民有网上购物的习惯。	1-2

K		
……开来	近年来，博客这个词语在中国逐渐流行开来。	1-3
看您（你）说的	看您说的。	10-1
看情况	看情况吧。	4-1
肯定	那这轿车肯定是我的了。	6-1

M		
冒昧	冒昧问一下。	6-2
摸不着头脑	如果说出"您家父"这样的话语，就会让人摸不着头脑了。	2-3

N		
拿不出手	让人觉得作礼物有些拿不出手。	10-3
哪一	你想要哪一种就选哪一种。	3-2
哪知道	哪知道刚刚出了市区，就和一辆汽车撞上了。	8-1
那还用说	那还用说！	9-1
那是一定的	那是一定的。	10-1
难怪	难怪一直没看见您呢。	5-2
难免	感冒、拉肚子、碰伤、被蚊虫叮咬是难免的。	9-3
难说	晚了能不能订到票就很难说了。	9-2
你还不知道吧	你还不知道吧，这种比赛我在我们国家参加过。	6-1
您太客气了	您太客气了。	5-2

P		
凭	您可以凭有效身份证件到指定的邮局去领取。	3-1

Q		
其	借助其外方母公司雇员福利计划网络，……	8-3
前者……，后者……	前者是向对方表示尊重，后者的意思是……	2-3

	R	
让……受累	又让你受累,真不知道该怎么感谢你才好。	7-1
	S	
谁知道	谁知道过两年回国,发现真的有人开了这样的公司。	3-3
什么	不是什么贵重的东西。	3-1
什么时候……,什么时候……	什么时候想跑就什么时候跑。	4-2
省得	我建议您一次多买点儿,省得一次次买麻烦。	5-1
实话实说	这时候您可不能实话实说呀!	2-1
是……的	您的朋友是通过什么方式寄来的?	3-1
说不好	这我说不好。	9-2
说的是	您说的是。	4-2
随着	随着酿造技术的发展,白酒又出现在人们的生活中。	6-3
	V	
V得(不)过来	怎么看得过来呀?	9-1
	W	
委屈一下	您就委屈一下吧。	7-2
未尝不可	送纸尿裤什么的也未尝不可。	2-1
	X	
相比之下	相比之下,坐火车更方便一些。	9-2
小看	那我小看你了。	4-1
幸亏	幸亏你告诉我。	6-1
	Y	
……也就算了	他说"不好不好"也就算了,……	2-2
一+(量词)比一+(量词)	不过一天比一天习惯了。	5-2
一是……,二是……	网上购物不光方便,还有别的好处,一是快,二是便宜,因为很多商品都是厂家直销。	1-2
以……为……	以白领为主要服务对象的健身俱乐部也越来越多。	4-3

以免	外出时，请关好水、电、天然气，以免发生意外。	5-3
用得着	住饭店、买机票都用得着。	9-3
用于	单功能跑步机主要用于跑步。	4-2
有这么回事	好像有这么回事。	5-1
与……相似	公司的名字也与日本的"宅急便"相似。	3-3
Z		
再三	考虑再三，还是想让你带我去。	7-1
照常理讲	照常理讲，汽车租赁公司购买的都是全额保险。	8-1
这一……不要紧	他这一谦虚不要紧，把工作都"谦虚"掉了。	2-2
……之类	常常说出"您令郎"、"我家父"之类的话语。	2-3
之所以	酒之所以被称为一种文化产物，和它给人们带来的精神愉悦是分不开的。	6-3
值得	很值得去游览。	9-1
值得考虑	中国有一种工艺品叫景泰蓝的值得考虑。	10-3
转了一圈儿	到新马泰转了一圈儿。	5-2
转眼	转眼又到周末了。	6-2
总不能……吧	我总不能违心地夸孩子一通吧？	2-1

词语总表

(数字表示课文序号)

A

哎呀	叹	āiyā	10-1
哎哟	叹	āiyō	7-1
安心		ān xīn	8-2
安装	动	ānzhuāng	1-1
按摩	动	ànmó	4-2
按钮	名	ànniǔ	4-2

B

办理	动	bànlǐ	10-2
包	动	bāo	5-2
包裹	名	bāoguǒ	3-1
包含	动	bāohán	2-3
包括	动	bāokuò	3-3
薄	形	báo	9-3
保健	动	bǎojiàn	6-3
保龄球	名	bǎolíngqiú	4-1
保障	动	bǎozhàng	8-3
报告	名、动	bàogào	5-3
辈分	名	bèifen	2-3
本来	副	běnlái	7-1
本身	代	běnshēn	6-3
本土	名	běntǔ	8-3
必备	形	bìbèi	9-3

变速		biàn sù	4-2
遍布	动	biànbù	3-3
并且	连	bìngqiě	7-3
病历	名	bìnglì	7-3
病情	名	bìngqíng	7-1
拨打	动	bōdǎ	3-1
波涛	名	bōtāo	6-2
播放	动	bōfàng	4-2
博客	名	bókè	1-3
补交	动	bǔjiāo	10-2
不成敬意		bù chéng jìng yì	10-1
不当	形	búdàng	5-3
不过	连	búguò	6-2
不解之缘		bù jiě zhī yuán	6-3
不周	形	bùzhōu	6-2
不足	动	bùzú	5-1

C

材料	名	cáiliào	10-3
餐巾纸	名	cānjīnzhǐ	9-3
操	名	cāo	4-3
插入	动	chārù	5-1
查询	动	cháxún	3-1
差点儿	副	chàdiǎnr	5-2
差事	名	chāishi	3-2
产品	名	chǎnpǐn	3-3
产物	名	chǎnwù	6-3
产业	名	chǎnyè	4-3
长期	形	chángqī	9-3
场所	名	chǎngsuǒ	4-3
超重		chāo zhòng	10-2

称	动	chēng	2-3
趁	介	chèn	3-3
成本	名	chéngběn	3-3
成长	动	chéngzhǎng	2-1
承受	动	chéngshòu	2-3
城镇	名	chéngzhèn	3-3
充实	形	chōngshí	4-3
充值		chōng zhí	1-1
抽屉	名	chōutì	5-1
出示	动	chūshì	10-2
储蓄	动	chǔxù	8-2
处理	动	chǔlǐ	1-2
创业	动	chuàngyè	3-3
创作	名、动	chuàngzuò	6-3
瓷器	名	cíqì	10-3
此前	名	cǐqián	8-3
刺绣	名	cìxiù	10-3
聪明	形	cōngming	2-1
存	动	cún	8-2
错过	动	cuòguò	6-1

D

达成	动	dáchéng	8-3
打（车）	动	dǎ（chē）	7-1
打发	动	dǎfa	9-3
打击	动	dǎjī	2-2
打破	动	dǎpò	4-3
打扰	动	dǎrǎo	7-1
打招呼		dǎ zhāohu	1-2
大便	名	dàbiàn	7-2
大型	形	dàxíng	6-1

大约	副	dàyuē	1-2
单	形	dān	4-2
单纯	形	dānchún	4-3
当年	名	dāngnián	3-3
地区	名	dìqū	3-3
地址	名	dìzhǐ	10-1
递	动	dì	7-2
电表	名	diànbiǎo	5-1
电量	名	diànliàng	5-1
电流	名	diànliú	5-3
电源	名	diànyuán	5-3
雕刻	动	diāokè	10-3
叮咬	动	dīngyǎo	9-3
顶	名	dǐng	9-1
订（票）	动	dìng (piào)	9-2
董事长	名	dǒngshìzhǎng	2-1
独特	形	dútè	10-3
度	名	dù	5-1
断电		duàn diàn	5-1
堆	量	duī	3-2
对方	名	duìfāng	2-3
对手	名	duìshǒu	4-1
对象	名	duìxiàng	4-3
对症下药		duì zhèng xià yào	9-3
多余	形	duōyú	2-3
度身		duó shēn	8-3
E			
额	名	é	8-1
F			
发表	动	fābiǎo	1-3

发布	动	fābù	1-3
翻滚	动	fāngǔn	6-2
费用	名	fèiyòng	7-3
氛围	名	fēnwéi	6-2
份	量	fèn	8-1
丰富	形	fēngfù	6-1
丰富多彩		fēngfù duōcǎi	6-3
丰厚	形	fēnghòu	6-1
风格	名	fēnggé	1-3
服	动	fú	9-3
福利	名	fúlì	8-3
负	动	fù	8-1
富余	动	fùyu	9-2
覆盖	动	fùgài	3-3

G

赶紧	副	gǎnjǐn	9-2
刚刚	副	gānggāng	3-1
高峰	名	gāofēng	1-1
高级	形	gāojí	7-3
更改	动	gēnggǎi	5-3
工艺	名	gōngyì	10-3
工艺品	名	gōngyìpǐn	10-2
功能	名	gōngnéng	1-1
共享	动	gòngxiǎng	1-3
购买	动	gòumǎi	1-2
故乡	名	gùxiāng	6-2
雇请	动	gùqǐng	5-3
雇员	名	gùyuán	8-3
挂号		guà hào	7-3
挂件	名	guàjiàn	10-3

乖	形	guāi	2-1
官员	名	guānyuán	10-2
管理	动	guǎnlǐ	5-3
管线	名	guǎnxiàn	5-3
规定	名	guīdìng	8-1
贵重	形	guìzhòng	3-1

H

海关	名	hǎiguān	10-2
海浪	名	hǎilàng	6-2
好久		hǎo jiǔ	5-2
合理	形	hélǐ	10-3
核对	动	héduì	7-3
盒子	名	hézi	7-2
吼	动	hǒu	6-2
后顾之忧		hòu gù zhī yōu	8-3
护照	名	hùzhào	9-3
化妆品	名	huàzhuāngpǐn	1-2
划价		huà jià	7-3
话题	名	huàtí	1-3
话语	名	huàyǔ	2-3
换装		huàn zhuāng	4-1
黄金周	名	huángjīnzhōu	9-1
回想	动	huíxiǎng	3-3
回忆	名、动	huíyì	6-1
绘画	名	huìhuà	10-3
活力	名	huólì	4-3
或许	副	huòxǔ	9-2
获得	动	huòdé	6-1

J

机灵	形	jīling	2-1
积极性	名	jījíxìng	2-2
及	连	jí	7-3

记录	动、名	jìlù	4-2
记载	动	jìzài	7-3
纪录	名、动	jìlù	4-1
加班		jiā bān	6-2
减肥		jiǎn féi	4-3
简称	名、动	jiǎnchēng	1-3
简短	形	jiǎnduǎn	1-3
见解	名	jiànjiě	2-3
建立	动	jiànlì	1-3
健身	动	jiànshēn	4-1
奖	名	jiǎng	6-1
奖品	名	jiǎngpǐn	6-1
交际	动	jiāojì	2-2
交流	动	jiāoliú	1-3
交通	名	jiāotōng	8-1
交往	动	jiāowǎng	2-2
郊区	名	jiāoqū	8-1
较量	动	jiàoliàng	4-1
教练	名	jiàoliàn	4-3
街头	名	jiētóu	7-1
接通	动	jiētōng	1-1
结果	名	jiéguǒ	7-2
解除	动	jiěchú	4-3
借助	动	jièzhù	8-3
金额	名	jīn'é	8-3
金属	名	jīnshǔ	10-3
仅仅	副	jǐnjǐn	6-3
紧急	形	jǐnjí	5-3
尽快	副	jǐnkuài	5-1
近期	名	jìnqī	8-3
警察	名	jǐngchá	1-2

境外	名	jìngwài	8-3
救护车	名	jiùhùchē	7-1
救援	动	jiùyuán	8-3
就医		jiù yī	8-3
居住	动	jūzhù	9-3
局	量	jú	4-1
具体	形	jùtǐ	2-1
俱乐部	名	jùlèbù	4-3

K

开办	动	kāibàn	3-3
开关	名	kāiguān	5-3
开幕式	名	kāimùshì	6-1
开通	动	kāitōng	1-1
看望	动	kànwàng	5-2
考虑	动	kǎolǜ	7-1
烤鸭	名	kǎoyā	3-3
可爱	形	kě'ài	2-1
可观	形	kěguān	8-2
可惜	形	kěxī	6-1
刻	动	kè	10-3
客户	名	kèhù	3-1
空腹	动	kōngfù	7-2
枯燥	形	kūzào	4-2
夸	动	kuā	2-1
跨国公司		kuàguó gōngsī	8-3
快递	名	kuàidì	3-1
快乐	形	kuàilè	3-2
况且	连	kuàngqiě	9-2

L

拉肚子		lā dùzi	9-3
礼貌	名	lǐmào	2-2
礼品	名	lǐpǐn	10-2

里外里	副	lǐwàilǐ	9-2
理念	名	lǐniàn	4-3
厉害	形	lìhai	8-1
丽人	名	lìrén	4-3
利息	名	lìxī	8-2
连连	副	liánlián	2-2
了如指掌		liǎo rú zhǐ zhǎng	6-1
领	动	lǐng	3-1
领带	名	lǐngdài	10-1
领取	动	lǐngqǔ	3-1
令		lìng	2-3
流程	名	liúchéng	7-3
流量	名	liúliàng	1-1
流行	动、形	liúxíng	1-3
龙	名	lóng	3-2
漏	动	lòu	5-2
录用	动	lùyòng	2-2
旅途	名	lǚtú	9-3
旅行社	名	lǚxíngshè	9-2
旅游团	名	lǚyóutuán	5-2
轮流	动	lúnliú	7-2

M

马桶	名	mǎtǒng	5-2
冒昧	形	màomèi	6-2
美好	形	měihǎo	6-1
美景	名	měijǐng	9-1
美容	动	měiróng	4-3
免	动	miǎn	2-3
民营	形	mínyíng	3-3
名称	名	míngchēng	7-3

名城	名	míngchéng	9-1
名人	名	míngrén	9-1
明明	副	míngmíng	2-2
明细单	名	míngxìdān	7-3
明智	形	míngzhì	10-3
模式	名	móshì	4-3
墨客	名	mòkè	6-3
目的	名	mùdì	4-2

N

内地	名	nèidì	8-3
酿造	动	niàngzào	6-3
暖气	名	nuǎnqì	5-2

P

排队		pái duì	7-3
牌	名	pái	9-3
赔付	动	péifù	8-1
配	动	pèi	1-1
烹饪	动	pēngrèn	6-3
平地	名	píngdì	4-2
平台	名	píngtái	1-3
凭	介	píng	3-1
凭据	名	píngjù	8-1
坡	名	pō	4-2
普及	动	pǔjí	1-2

Q

期限	名	qīxiàn	8-2
其他	代	qítā	5-3
棋	名	qí	9-3
企业	名	qǐyè	8-3
起码	形	qǐmǎ	10-1
气象	名	qìxiàng	4-3
器械	名	qìxiè	4-3

恰好	副	qiàhǎo	4-1
谦称	动、名	qiānchēng	2-3
谦虚	形	qiānxū	2-2
强硬	形	qiángyìng	4-1
强壮	形	qiángzhuàng	7-2
亲属	名	qīnshǔ	2-3
亲自	副	qīnzì	3-2
青铜	名	qīngtóng	10-3
情不自禁		qíng bú zì jīn	6-2
情绪	名	qíngxù	6-2
请柬	名	qǐngjiǎn	2-1
请教	动	qǐngjiào	4-1
穷家富路		qióng jiā fù lù	9-3
丘陵	名	qiūlíng	4-2
泉	名	quán	9-1
群发	动	qúnfā	3-2

R

热量	名	rèliàng	4-2
热水器	名	rèshuǐqì	5-3
人际	形	rénjì	2-3
人类	名	rénlèi	6-3
人士	名	rénshì	8-3
人员	名	rényuán	5-3
忍	动	rěn	7-1
认定	动	rèndìng	8-1
认可	动	rènkě	8-3
日志	名	rìzhì	1-3
入住	动	rùzhù	5-1

S

闪	动	shǎn	5-1
伤	动、名	shāng	9-3
上市		shàng shì	1-1

上网		shàng wǎng	1-1
烧	动	shāo	5-3
稍稍	副	shāoshāo	5-2
设备	名	shèbèi	5-3
设计	动、名	shèjì	1-3
摄像机	名	shèxiàngjī	9-3
身	量	shēn	4-1
身材	名	shēncái	4-3
生	形	shēng	5-2
生存	动	shēngcún	3-3
胜地	名	shèngdì	9-1
剩余	动	shèngyú	5-1
时尚	名、形	shíshàng	4-3
实感	名	shígǎn	3-2
实事求是		shíshì qiúshì	2-2
始	动	shǐ	10-3
事故	名	shìgù	8-1
事物	名	shìwù	2-3
事项	名	shìxiàng	7-2
适宜	形	shìyí	1-2
适应	动	shìyìng	5-2
手工	名	shǒugōng	10-3
首	名	shǒu	9-1
首	量	shǒu	6-2
受累		shòu lèi	7-1
受伤		shòu shāng	8-1
舒适	形	shūshì	4-2
输入	动	shūrù	5-1
数额	名	shù'é	8-2
漱	动	shù	9-3
帅	形	shuài	2-1
水晶	名	shuǐjīng	10-3

思	动	sī	6-2
死亡	动	sǐwáng	8-2
俗话	名	súhuà	9-3
速度	名	sùdù	1-1
塑造	动	sùzào	4-3
随手	副	suíshǒu	5-1
随意	形	suíyì	5-3
索赔	动	suǒpéi	8-1

T

踏实	形	tāshi	7-2
趟	量	tàng	7-3
特色	名	tèsè	10-3
提供	动	tígōng	8-3
题材	名	tícái	6-3
体检	动	tǐjiǎn	7-2
体魄	名	tǐpò	4-3
体验	动	tǐyàn	6-2
替	介	tì	2-2
替换	动	tìhuàn	9-3
天然气	名	tiānránqì	5-3
添	动	tiān	10-2
填	动	tián	7-2
填写	动	tiánxiě	7-3
调整	动	tiáozhěng	4-2
帖子	名	tiězi	1-3
通风		tōng fēng	5-3
通话		tōng huà	1-1
通俗	形	tōngsú	8-2
通	量	tòng	2-1
突发	动	tūfā	5-3
图案	名	tú'àn	3-2
图片	名	túpiàn	10-3

推出	动	tuīchū	4-3
推荐	动	tuījiàn	4-2
推销员	名	tuīxiāoyuán	8-2
托运	动	tuōyùn	10-1
妥当	形	tuǒdang	1-2

W

外出	动	wàichū	5-3
外籍	名	wàijí	8-2
网点	名	wǎngdiǎn	3-3
网络	名	wǎngluò	1-2
网民	名	wǎngmín	1-2
网页	名	wǎngyè	1-3
网站	名	wǎngzhàn	1-2
网址	名	wǎngzhǐ	1-3
往返	动	wǎngfǎn	9-2
旺季	名	wàngjì	9-2
违反	动	wéifǎn	1-3
违禁品	名	wéijìnpǐn	3-3
违心	动	wéixīn	2-1
维修	动	wéixiū	5-2
委屈	动、形	wěiqu	7-2
未尝	副	wèicháng	2-1
卫生纸	名	wèishēngzhǐ	9-3
胃	名	wèi	7-1
温差	名	wēnchā	9-3
文化衫	名	wénhuàshān	10-3
文明	名、形	wénmíng	6-3
文人	名	wénrén	6-3
蚊虫	名	wénchóng	9-3
稳定	形	wěndìng	1-1
问答	名	wèndá	6-1
物美价廉		wù měi jià lián	10-3

		X	
西葫芦	名	xīhúlu	5-2
吸引	动	xīyǐn	1-3
瞎	副	xiā	2-2
下载	动	xiàzài	1-1
先进	形	xiānjìn	4-2
显示	动	xiǎnshì	4-2
险种	名	xiǎnzhǒng	8-2
现代化	名	xiàndàihuà	4-2
现象	名	xiànxiàng	5-1
限制	动	xiànzhì	1-1
馅儿	名	xiànr	5-2
乡	名	xiāng	6-2
相关	动	xiāngguān	8-3
相互	副	xiānghù	2-3
象牙	名	xiàngyá	10-3
消费	动	xiāofèi	4-3
小吃	名	xiǎochī	7-1
小心	形	xiǎoxīn	7-3
协议	名	xiéyì	8-3
血	名	xiě	7-2
心率	名	xīnlǜ	4-2
心态	名	xīntài	2-2
信誉	名	xìnyù	1-2
行李	名	xíngli	10-1
幸亏	副	xìngkuī	6-1
休假		xiū jià	9-1
休闲	动	xiūxián	4-3
修	动	xiū	5-2
须知	名	xūzhī	5-3
需求	名	xūqiú	8-3
询问	动	xúnwèn	2-3

训练	动	xùnliàn	4-3
Y			
压力	名	yālì	4-3
养老		yǎng lǎo	8-2
养生	动	yǎngshēng	6-3
摇动	动	yáodòng	6-2
药方	名	yàofāng	7-3
业	名	yè	3-3
页面	名	yèmiàn	1-3
夜市	名	yèshì	7-1
一路平安		yí lù píng'ān	10-1
衣物	名	yīwù	9-3
遗憾	形	yíhàn	9-1
以及	连	yǐjí	2-3
以下	名	yǐxià	5-3
译音	名	yìyīn	1-3
意想不到		yì xiǎng bú dào	3-2
因此	连	yīncǐ	5-3
饮	动	yǐn	6-3
饮料	名	yǐnliào	6-3
饮食	名	yǐnshí	6-3
印	动	yìn	1-3
印章	名	yìnzhāng	10-3
应付	动	yìngfu	3-2
应聘	动	yìngpìn	2-2
婴儿	名	yīng'ér	2-1
拥有	动	yōngyǒu	1-3
用户	名	yònghù	1-1
忧	名	yōu	6-3
邮箱	名	yóuxiāng	10-1
邮政	名	yóuzhèng	3-1
油腻	形	yóunì	7-2

有备无患		yǒu bèi wú huàn	9-3
有效	形	yǒuxiào	3-1
娱乐	名	yúlè	9-3
愉悦	形	yúyuè	6-3
愚		yú	2-3
玉石	名	yùshí	10-3
援助	动	yuánzhù	8-3
约	动	yuē	4-1
运动服	名	yùndòngfú	4-1
运气	名	yùnqi	4-1
运送	动	yùnsòng	3-3
运用	动	yùnyòng	10-3
Z			
在内	动	zàinèi	2-3
在意	动	zàiyì	5-1
早期	名	zǎoqī	10-3
则	连	zé	2-3
责任	名	zérèn	8-1
增添	动	zēngtiān	6-3
着凉		zháo liáng	7-1
照片	名	zhàopiàn	1-3
针对	动	zhēnduì	8-3
真情	名	zhēnqíng	3-2
诊断	动、名	zhěnduàn	7-3
诊室	名	zhěnshì	7-3
阵	量	zhèn	7-1
证件	名	zhèngjiàn	3-1
支出	动、名	zhīchū	8-3
支付	动	zhīfù	1-2
直	副	zhí	9-2
值得	动	zhídé	10-3
职称	名	zhíchēng	7-3

职工	名	zhígōng	3-3
指点	动	zhǐdiǎn	2-1
指定	动	zhǐdìng	3-1
至	动	zhì	6-3
制	动	zhì	10-3
治	动	zhì	6-3
治疗	动	zhìliáo	7-3
滞纳金	名	zhìnàjīn	3-1
中心	名	zhōngxīn	6-1
中奖		zhòng jiǎng	3-2
中意		zhòng yì	1-2
终身	名	zhōngshēn	9-1
重量	名	zhòngliàng	10-2
珠宝	名	zhūbǎo	1-2
逐渐	副	zhújiàn	1-3
住处	名	zhùchù	7-1
住户	名	zhùhù	5-3
注册	动	zhùcè	1-3
驻	动	zhù	8-3
祝福	动	zhùfú	2-1
祝贺	动	zhùhè	2-1
专	副	zhuān	2-3
专家	名	zhuānjiā	7-3
专业	名、形	zhuānyè	5-3
壮胆		zhuàng dǎn	6-3
状态	名	zhuànglùi	4-1
撞	动	zhuàng	8-1
追求	动	zhuīqiú	4-3
拙		zhuō	2-3
仔细	形	zǐxì	7-3
资金	名	zījīn	3-3
自由	形、名	zìyóu	6-1

走不开		zǒubukāi	10-1
足够	形	zúgòu	1-1
尊		zūn	2-3
尊重	动	zūnzhòng	2-3
作品	名	zuòpǐn	6-3
作用	名	zuòyòng	7-3
座椅	名	zuòyǐ	6-2